ニューヨーク ローカル クックブック

# NEW YORK
# LOCAL
# COOKBOOK

食べてみたかったあの料理、
知らなかったこの料理

## SACHI OIWA
オオイワ サチ

# Introduction

私は東京で生まれ育ちましたが、
休暇や両親の出張でアメリカ各地に行く機会もありました。
いちばん古い旅行の記憶は、日系ハワイ人だった祖父の故郷、ハワイ。
カリフォルニアやニューメキシコに行ったことも覚えています。
でも幼い私には、それらの場所はどこも同じように見え、
とても温かく、歓迎してくれる場所でした。

そして小学生のとき、両親の出張に同行してニューヨークを訪れ、
両親が仕事をしている間、家族ぐるみで仲が良かった両親の友人が、
市内を観光案内してくれました。
記憶は曖昧ですが、オープントップバスに乗って市内を巡り、
テレビでしか見たことのない巨大な高層ビル、
嗅いだことも見たこともないさまざまな食べ物を売る露店、
マンハッタンの通りに勢いよく噴き出る湯気などを見ました。
それまで私が知っていたアメリカとはまったく違い、
良くも悪くも、ニューヨークの街にびっくりしたのを今でも鮮明に記憶しています。

温かく歓迎もされなかった。
忙しく、刺激的だった。
すべて悪い意味ではない感覚。

それから数年後、私はニューヨーク州の北東に位置する、
マサチューセッツ州の小さな町に住み、全寮制の学校に通うことに。
日本を離れて最初のカルチャーショックは、
英語をまったく理解できないことではなく
今まで家庭での食事が当たり前だと思っていたという事実でした。
1日3回の寮の食事に慣れるには少し時間が必要でしたが、
慣れるとそれは私の生活の楽しみとなりました。
自分の部屋に果物やお菓子をこっそり持ち帰るために、
学校のカフェテリアで働いたこともありました。
数年過ごしたマサチューセッツ州でしたが、
そのときもニューヨークに住むことを夢見ていました。

その夢はしばらく叶いませんでしたが、
大学卒業後、マンハッタンで料理学校に通うことに！
日本での仕事も決まっていたので、急な決断でしたが、
背中を押してくれ、料理の道へ導いてくれた母に心から感謝しています。

小学生の頃に感じたままの、忙しく刺激的なニューヨークシティー。
その後、ブルックリンに移り住み、さまざまな人種や宗教の友人ができ、
違ったエネルギーを経験して、再び日本に戻りました。

そして今、日本と海外の食を繋ぐ仕事をしています。
この本をきっかけに私が体験したニューヨークの味を、
多くの方に体感していただき、多くの刺激をお届けできたら幸いです。

# CONTENTS

## Breakfast, Brunch & Lunch
ブレックファースト、ブランチ & ランチ

## Dinner
ディナー

**003** **Introduction**
はじめに

**008** **NY Food Culture**
NYの食文化

**010** **Condiments**
調味料

**013** **Kitchen Tools**
道具

**239** **Outroduction**
おわりに

**016** **Pancakes**
パンケーキ

**020** **Two Eggs Any Style**
2個の卵、お好みのスタイルで

**023** **Waffles**
ワッフル

**024** **French Toast**
フレンチトースト

**028** **Easiest Home-Made Maple Granola**
自家製グラノーラ

**028** **Smoothie Bowl**
スムージーボウル

**031** **Avocado Toast**
アボカドトースト

**032** **Eggs Benedict**
エッグベネディクト

**035** **Huevos Rancheros**
ウエボスランチェロス

**038** **Pastrami**
パストラミ

**039** **Pastrami on Rye**
パストラミ・オン・ライ

**039** **Rachel Sandwich**
レイチェル・サンドイッチ

**042** **Hamburger**
ハンバーガー

**049** **Roast Chicken**
ローストチキン

**050** **Fried Chicken**
フライドチキン

**053** **Coffee Roast Pork**
コーヒーローストポーク

**054** **T-Bone Steak & Mashed Potatoes**
T-ボーンステーキ & マッシュポテト

**057** **Eggplant Parmesan**
エッグプラントパルム

**058** **Grandma Pizza**
グランマピザ

**063** **Meatballs**
ミートボール

**063** **Spaghetti & Meatballs**
ミートボールスパゲッティ

**063** **Meatball Subs**
ミートボールサンドイッチ

**065** **Penne alla Vodka**
ペンネ・アラ・ウォッカ

**066** **Macaroni & Cheese**
マカロニ & チーズ

**069** **Pierogi**
ピエロギ

**072** **General Tso's Chicken**
ツォ将軍のチキン

**073** **Shrimp Lo Mein**
ロウメイン

CONTENTS

# Food Truck
フードトラック

076 **Hot Dog**
ホットドッグ

076 **Chili Hot Dog**
チリホットドッグ

076 **Sauerkraut Hot Dog**
ザワークラウトホットドッグ

079 **Lobster Rolls & Potato Chips**
ロブスターロール & ポテトチップス

080 **Potato Chips**
ポテトチップス

081 **Corn Tortilla**
コーントルティーヤ

082 **Tacos**
タコス

085 **Cuban Sandwich**
キューバンサンドイッチ

086 **Grilled Cheese Sandwich**
グリルドチーズサンドイッチ

089 **Falafel Sandwich**
ファラフェルサンドイッチ

090 **Pita Bread**
ピタパン

093 **Chicken over Rice**
チキンオーバーライス

094 **Jerk Chicken**
ジャークチキン

# Soup
スープ

098 **Matzo Ball Soup**
マッツァボールスープ

101 **New England Clam Chowder**
ニューイングランドクラムチャウダー

101 **Oyster Crackers**
オイスタークラッカー

102 **Manhattan Clam Chowder**
マンハッタンクラムチャウダー

105 **Sweet Potato & Butternut Squash Soup**
スイートポテト &
バターナッツかぼちゃのスープ

106 **Chicken Pot Pie**
チキンポットパイ

109 **Chili con Carne**
チリコンカン

# Salad
サラダ

112 **Cranberry Chicken Salad**
チキンとクランベリーのサラダ

114 **Caesar Salad**
シーザーサラダ

116 **Greek Salad**
グリークサラダ

118 **Cobb Salad**
コブサラダ

120 **Grilled Salmon Salad**
グリルドサーモンサラダ

122 **Kale Salad**
ケールのサラダ

124 **Waldorf Salad**
ウォルドーフサラダ

126 **Cucumber & Fennel Salad**
きゅうり & フェンネルのサラダ

130 **Caramel Onion Dip**
キャラメルオニオンディップ

130 **Green Goddess Dip**
グリーンゴッデスディップ

131 **Beetroot Hummus**
ビーツのフムス

131 **Paprika Hummus**
パプリカのフムス

131 **Dips & Hummus Open Sandwich**
ディップ & フムスのオープンサンドイッチ

CONTENTS

# Bread
ブレッド

136 **Challah**
ハッラー

140 **Knish**
クニッシュ

142 **Bialy**
ビアリ

144 **Bagel**
ベーグル

149 **Lox Bagel**
ロックスベーグル

149 **Sun Dried Tomato & Scallion Cream Cheese**
サンドライトマトと
ねぎのクリームチーズ

149 **Quick Smoked Salt Cured Salmon**
クイックスモーク風サーモン

150 **Pretzels**
プレッツェル

154 **Corn Bread**
コーンブレッド

# Baked Treats
ベイクドトリーツ

160 **Blueberry Muffins**
ブルーベリーマフィン

163 **Cinnamon Rolls**
シナモンロール

164 **Babka**
バブカ

168 **Blueberry Pie**
ブルーベリーパイ

172 **Sour Cherry Pie**
サワーチェリーパイ

173 **All-Butter Pie Crust**
オールバターパイクラスト

175 **New York Cheesecake**
ニューヨークチーズケーキ

176 **Carrot Cake**
キャロットケーキ

179 **Lemon Poppyseed Cake**
レモンポピーシードケーキ

180 **Boston Cream Pie**
ボストンクリームパイ

182 **Apple Crumble**
アップルクランブル

185 **Brownie**
ブラウニー

185 **Blondie**
ブロンディー

186 **Black & White Cookies**
ブラック & ホワイトクッキー

189 **Chocolate Chip Cookies**
チョコレートチップクッキー

189 **Ice Cream Sandwich**
アイスクリームサンドイッチ

190 **Cupcakes**
カップケーキ

193 **Raspberry Cocoa Rugelach**
ラズベリーココアルゲラー

# Treats
トリーツ

197 **Apple Cider Donuts**
アップルサイダードーナツ

200 **Donuts**
ドーナツ

203 **Rice Krispie Treats**
ライスクリスピー トリーツ

206 **Banana Pudding**
バナナプディング

207 **Banana Split**
バナナスプリット

208 **Ice Cream Sundae**
アイスクリームサンデー

CONTENTS

# Drink
ドリンク

**212 Mulled Apple Cider**
マルドアップルサイダー

**214 NY Egg Cream**
ニューヨークエッグクリーム

**214 Milkshake**
ミルクシェイク

# Appetizer & Alcohol
アペタイザー&アルコール

**219 Fried Pickles**
フライドピクルス

**220 Bacon-Wrapped Dates**
デーツのベーコン巻き

**220 Pigs in a Blanket**
ピッグインブランケット

**223 Salsa**
サルサ

**223 Guacamole**
ワカモレ

**226 Chopped Chicken Liver**
チョップドチキンレバー

**227 Buffalo Wings**
バッファローチキン

**229 Mimosa**
ミモザ

**229 Manhattan**
マンハッタン

**230 Cosmopolitan**
コスモポリタン

**230 Bloody Mary**
ブラッディーマリー

# Stock & Sauce / Preserved Foods
ストック&ソース / 保存食

**233 Chicken Stock**
チキンストック

**234 Vegetable Stock**
ベジタブルストック

**235 Marinara Sauce**
マリナラソース

**236 Sauerkraut**
ザワークラウト

**237 Half Sour Pickles**
ハーフサワーピクルス

**料理を作る前に**
・本書ではアメリカで使われている調味料と道具が登場します。聞き慣れないものは P.010 〜 013 を参照してください。
・砂糖はきび砂糖、黒胡椒は粗挽きのもの、バターは無塩のものを使っています。砂糖に関してはきび砂糖のほか、
　上白糖でもグラニュー糖でもかまいません。
・アメリカでいちばん使われている小麦粉は "All-Purpose Flour（オール - パーパスフラワー）"。
　日本では中力粉にいちばん近く、本書では強力粉と薄力粉を半量ずつ混ぜて代用しています。
・オーブンは電気オーブンを使用しています。使う前にしっかりと予熱してから調理してください。
・オーブンは機種や性能により、差があります。焼き上がりは本書の写真を参考にし、記載されている時間で焼けるように温度を調整してください。
・小さじ1は5ml、大さじ1は15mlです。
・ごく少量の調味料の分量は「少々」で親指と人差し指でつまんだ分量、「ひとつまみ」は親指と人差し指、中指でつまんだ分量になります。
・「適量」はちょうどよい分量、「適宜」は好みで入れなくてもよいということです。
・野菜類は特に指定のない場合は、洗う、むくなどの作業を済ませてからの手順を説明しています。

# NY Food Culture

## NYの食文化

ニューヨーク料理について語るとき、まず理解しなければならないのは、
アメリカは巨大な国であり、誤解されがちだということです。
アメリカは美食の国というイメージはあまりありませんが、
各都市の料理にはそれぞれの美味しさと特色があり、ニューヨークも例外ではありません。

実際、ニューヨークはアメリカのほかの都市とはまったく違います！

ニューヨークは人種のるつぼであり、
異なる文化、宗教、背景を持つ人々が共存しています。
料理学校時代の私のクラスメートが、その良い例でした。
私のクラスの約25人の中には、
イタリアン、プエルトリカン、チャイニーズ、ハンガリアン、タイ、
アフリカ系アメリカン、ジューイッシュ、コリアン、LGBTQなど本当にさまざまでした。

私が興味を持ったのは、自分のバックグラウンドについて語るとき、
必ずしも民族的背景は必要がないということです。
もちろん肌の色も、宗教も、性的指向も。
興味深いことに、これらすべての要因が、
ニューヨーク特有の料理の独自性を生み出してきました。

例えば、ベーグルはニューヨークを代表するパンです。
しかし、ベーグルはもともとニューヨーク発祥のパンではなく、
ユダヤ教の移民、ジューイッシュによって持ち込まれ、根づいたもの。
ニューヨーカーの大好きなマック＆チーズやフライドチキンは、
典型的なアメリカのソウルフードですが、アフリカ系アメリカンの伝統料理です。
ちなみにニューヨークの女子会の定番カクテルであるコスモポリタンは、
ゲイ・コミュニティによって発明され、今では世界中で愛されているカクテル。

さまざまな背景を持つ移民たちが持ち寄り、手を加え、
発明したニューヨークフードは、
世界でも類を見ないユニークで唯一無二なものといっても過言ではありません。

# UNITED STATES of AMERICA

## BRONX

NYC5区の中でいちばん北に位置し、"Yankees Stadium (ヤンキースタジアム)" や "Bronx Zoo (ブロンクスズー)" があり、ヒップホップ発祥の地。人口の半数以上がヒスパニック系なのでラテン系のアメリカ料理が有名ですが、イタリア人街もあります。

## MANHATTAN

NYC5区の中でいちばん小さいマンハッタン。所狭しとビルやアパートメントが建っていて、観光やビジネスの中心でもあります。有名なレストランも多く、世界中の食事が食べられます。アメリカ全土で最も家賃が高く、少し離れていますが、自由の女神があるのもマンハッタンです。

## STATEN ISLAND

いちばん南に位置するスタッテンアイランドはいちばん人口が少なく、よく忘れられてしまう区です。公園や緑が多く、暮らしやすいといわれていますが、交通の便はあまりよくありません。人口の3割以上がイタリア系で、やはりイタリア料理が有名ですが、スリランカ人街もあります。

## QUEENS

5区の中でいちばん広いのがクイーンズ。JFK国際空港とラガーディア空港があります。ニューヨークメッツのスタジアムや全米オープンの会場も有名です。ブルックリンの北にあるのですが、大きな違いは古き良きレストランが多いこと。チャイナタウンやギリシャ人街などがあり、オーセンティックな料理を味わうことができます。

## BROOKLYN

5区の中で人口がいちばん多いのがブルックリン。アートやクリエイティブの中心といわれています。とても活気があり、多様性のある街が多く、近年若者からとても人気が上がっています。食べ物も、昔と今が丁度よくブレンドされていて、おしゃれな雰囲気の店も多いです。

# NEW YORK CITY

# Condiments

## 調味料

**1. Balsamic Vinegar**
バルサミコ酢

**2. White Wine Vinegar**
白ワインビネガー

**3. Aromatic Bitters**
アロマティックビターズ

**4. Worcestershire Sauce**
リー&ペリン ウスターソース

**5. Tomato Paste**
トマトペースト

**6. Ketchup**
トマトケチャップ

**7. Yellow Mustard**
イエローマスタード

**8. Dijon Mustard**
ディジョンマスタード

**9. Whole-Grain Mustard**
粒マスタード

**1.** ぶどうの果汁を煮詰めたものからできた酢で、樽で熟成するため味が濃くてまろやかです。オリーブオイルと混ぜてサラダのドレッシングにしたり、熟成されてとろみがついたものはアイスやいちごにかければ、デザートにも使えます。イタリアのモデナ産のものが高価ですが、おすすめです。白ぶどうから作った白バルサミコ酢もあります。　**2.** 白ワインが原料の酢です。スチールタンクで作ることが多く、キリッとした酸味があり、フルーティーなドレッシングやピクルスに使います。アメリカでもワインの生産地で製造されています。　**3.** 薬草、木の皮、花、ハーブやスパイスなどを蒸留酒に漬け込んだリキュールです。フルーツを使ったパイなどの焼き菓子、カクテルなどに隠し味として数滴使います。いろいろな種類のビターズがありますが、日本でも手に入りやすいのが"Angostura Bitters（アンゴスチュラビターズ）"です。そのまま飲むとかなり苦みがありますが、ウィスコンシン州にはショットで飲ませるバーも。またチョコレート味のチョコレートビターズやセロリビターズなどもあります。　**4.** イギリスの有名なソースで、シーザードレッシング、ミートローフ、ブラッディーマリーなどに旨みを足すのに使われます。"Lea & Perrins（リー&ペリンズ）"がいちばん人気で、日本のウスターソースよりも味が濃いのが特徴。「Worcestershire Sauce」と書くのですが、発音できないアメリカンもたくさんいます。　**5.** 完熟トマトを裏濾しし、6倍に濃縮したものです。パスタソース、煮込み料理など、トマトの味を足したいけれど、水っぽくなって欲しくないときに使います。歯磨き粉のようなチューブに入ったものが使いやすいです。　**6.** 日本でもお馴染みのトマトケチャップ。フライドポテトやハンバーガー、朝食にもよく使います。アメリカでは"Heinz（ハインツ）"がいちばん人気です。ロナルド・レーガンが大統領の時代にケチャップは学校給食で野菜としてカウントされていたという有名なエピソードがあります。　**7.** アメリカの黄色くて酸っぱいマスタード。ホットドッグ、サンドイッチ、ハンバーガーからドレッシングまでいろいろ使います。粗挽きのブラウンマスタードが入った少しピリッとするデリマスタードも人気です。　**8.** スムースタイプのフランスのマスタード。アメリカンマスタードより酸味が少なく、味が濃いのが特徴です。ドレッシングやマリネに。　**9.** 粒入りのマスタード。ホットドッグ、ドレッシング、マリネなどに。

Condiments

**10. Mayonnaise**
アメリカンマヨネーズ

**11. Buffalo Wing Sauce**
バッファローソース

**12. Sriracha Sauce**
シラチャーソース

**13. Old Bay Seasoning**
オールドベイシーズニング

**14. Refried Beans**
リフライドビーンズ

**15. Smoked salt**
スモークドソルト

**16. Prague Powder (Pink salt)**
プラハパウダー (ピンクパウダー)

**17. Chicken Broth**
チキンブロス

**18. Sea Salt Flakes**
シーソルトフレーク

**10.** 酸味の少ない、アメリカのマヨネーズです。ドレッシング、コールスロー、ハンバーガー、ロブスターロールなどに使います。 **11.** NY州・バッファロー発祥のホットソースです。バッファローウィングの辛くて酸っぱいソースに欠かせません。アメリカでは揚げた手羽先に絡めるだけの即席ソースも売られています。NYのさまざまなレストランでは、とても辛いバッファローウィングにチャレンジするメニューもあります。 **12.** アジア系の食事はもちろん、スープやピザなど、いろいろ使えるホットソースです。中でもアメリカ製のシラチャーソースが人気です。緑の蓋のものは数年前に生産量が減り、困った人たちがたくさん出ました。それからいろいろな会社が独自のシラチャーソースを生産するように。でもみんな、緑の蓋のものが好きです。 **13.** メリーランド州・ボルチモアで生まれたシーフードシーズニングミックスです。元はワタリガニにたっぷりかけて蒸し上げていましたが、今では海老やサーモンなどの魚介料理、クラムチャウダー、グリルチキンの味付けにも使います。 **14.** うずら豆をやわらかく煮たものをマッシュして玉ねぎ、にんにく、スパイスと炒めたものです。メキシコ料理のサイドディッシュ、ブリトー、ディップなどに使います。ラードで炒めてあるものが美味しいです。 **15.** 塩を燻製にしたもので、短時間で燻製の香りを出すために使います。香りもスモークした木によっていろいろあります。スペイン・マルヨカ島のものがおすすめです。 **16.** 亜硝酸ナトリウムが添加された塩です。ベーコン、ハム、コンビーフ、ソーセージを作るときにカビや菌の発生を防ぎ、発色をよくするために使います。亜硝酸ナトリウムは長期にわたり摂取すると、発癌のリスクがあるといわれてますが、肉の保存には不可欠です。致死量は約2gで、プラハパウダーは亜硝酸ナトリウムの割合は10％以下なので安心ですが、塩と間違って使わないように蛍光ピンクに着色されています。 **17.** 鶏肉と香味野菜を煮込んだ出汁で、ソース、スープ、煮込み料理などに使います。すでに調味料や塩が入っているので、チキンストック（P.233参照）の代わりに使う場合は、塩加減を調整してください。ストレートで使えるものと、希釈タイプのものがあるので、用途に合わせて使い分けます。 **18.** 軽いサクサクとした食感のピラミッド形の海塩。海塩なので旨みが強く、料理の仕上げやお菓子作りに使います。おすすめは、世界中のシェフが使っている"Maldon（マルドン）"のものですが、日本にも国産の美味しいシーソルトフレークがあります。

Condiments

**19. Instant Dry Yeast**
インスタントドライイースト（金・赤）

**20. Chocolate Syrup**
チョコレートシロップ

**21. Maple Syrup**
メープルシロップ

**22. Vanilla Extract**
バニラエキストラクト

**23. Sprinkles**
レインボースプリンクル

**24. Food Coloring**
フードカラー

**25. Blue Poppyseed**
ブルーポピーシード

**26. Graham Crackers**
グラハムクラッカー

**27. Matzo Crackers**
マッツァー

**19.** パンを発酵させるためのドライイーストで、日本でもお馴染みの"Saf（サフ）"がアメリカでも人気です。赤は糖分の％が12％以下の生地に、金は耐糖性があるので糖分が13％以上の生地に使います。 **20.** パンケーキ、ミルクシェーク、チョコレートミルクを作るのに使うチョコレートシロップです。"Hershey（ハーシー）"が全米のスーパーで手に入りますが、NYでは"Fox's u-bet（フォックスユー・ベット）"というローカル商品が人気です。 **21.** さとうかえでの樹液を煮詰めた自然な甘みのシロップです。アメリカ北東部とカナダで多く製造されています。パンケーキやワッフルだけでなく、ガムシロップや砂糖のようにコーヒーにも使います。グレードが高いものはえぐみがなく、きれいな黄金色をしていてあまりメープル特有の香りはしません。料理やお菓子作りにはグレードの低い濃い茶色のシロップを使うと、メープルの香りがしっかり出ます。ニューハンプシャー州やバーモント州にはメープルシロップのファームがあり、朝食を提供しているところもあります。 **22.** バニラをアルコールに漬けたバニラ香料です。本物のバニラからできているので香りがよいです。少し高くても、マダガスカルバニラ、タヒチアンバニラ、メキシカンバニラなどがおすすめです。 **23.** アイスクリームやドーナツ、ケーキなどにカラフルな彩りと食感を加えるためのトッピングです。チョコレートベースのものと砂糖がベースのものがあります。NYにある"Museum of Ice Cream（ミュージアム オブ アイスクリーム）"ではボールプールのようなスプリンクルプールがあり、たくさんのプラスチックでできたスプリンクルの中に潜ることができます。 **24.** カップケーキ、レッドベルベットケーキ、バースデーケーキなど、お菓子に色をつける液体の食紅です。"McCormik（マコーミック）"や"Wilton（ウィルトン）"は色のオプションがたくさんあります。ちなみにアメリカでは国旗の色、赤と青がいちばん減りが早いです。 **25.** 青色のケシの実で、アメリカではユダヤ系のパンや焼き菓子によく使われています。 **26.** アメリカを代表する甘いクラッカーで、チーズケーキの底の部分などお菓子作りのほか、赤ちゃんのおやつとしても親しまれています。焚き火で溶かしたマシュマロとチョコレートを挟めば、みんなが大好きなスモアになります。 **27.** パン粉と水だけで作られているクラッカー状のパンです。ユダヤ人の祖先がエジプトで奴隷として働いていたときに持って逃げたパンとしてユダヤ教の聖書にも出てきます。時間がなかったため、粉と水だけで発酵させずに焼いたのが起源とされています。マッツァボールスープ（P.098参照）のほか、クラッカーとしてディップと一緒に食べます。NYではどこのスーパーでも取り扱いがあります。今も作り方が守られていて、特にパスオーバー（神様のお導きにより、モーゼがユダヤ人を率いて自由の民となったことを祝う祭日）の宗教行事では、発酵を防ぐために18分以内で作られたものしか食べてはいけない決まりがあります（粉と水だけでも時間を置くと発酵してしまうため）。

Kitchen Tools

# Kitchen Tools

## 道具

**1. Tortilla Press**
トルティーヤプレス

**2. Bench Scraper**
スケッパー

**3. Plastic Dough Scraper**
カード

**4. Ice Cream Scoop**
ディッシャー

**5. Pastry Cutter**
ペイストリーブレンダー

**6. Nutcracker**
ナッツクラッカー

**7. Doughnut cutter / Circle Mould**
ドーナツ抜き機 / セルクル

**8. Citrus Zester**
シトラスゼスター

**9. Spice Grater**
スパイスグレーター

**10. Cheese Grater**
チーズグレーター

**11. Cast Iron Skillet**
スキレット

**1.** コーントルティーヤをプレスするための道具です。そのまま使うと生地がくっついてしまうので、オーブンシートやポリ袋または密閉袋を切って広げたもので生地を挟んで使います。トルティーヤプレスは素材によってさびやすいので、水分がつかないように注意してください。　**2.** 金属製のカード型のツールです。パン作りの際、生地を切り分けたり、やわらかい生地などをそっとすくうために使います。　**3.** プラスチック製のカード型のツールです。ボウルに入った発酵生地などをきれいに取るときに使います。　**4.** アイスクリームやフムス、ミートボールのタネを丸い形にくり抜いたり、クッキー生地などを取るときに使います。本書では16号サイズを多用しています。　**5.** パイ生地やスコーン、ビスケットを作るときに粉の中でバターを小さく切るツールです。　**6.** ナッツのかたい殻を割ります。また、カニやロブスターなどの殻にも活用できます。　**7.** ドーナツ生地を抜く際に使います。本書では6～8.5cmのものを使っていますが、好みの大きさを使っても。セルクルでも代用できます。　**8.** すりおろす道具です。"Microplane（マイクロプレイン）"のものが使いやすく、柑橘の皮をはじめ、しょうがやにんにくをすりおろすのにも使えます。　**9.** コンパクトでホールのナツメグをすりおろす際に便利です。　**10.** 箱型のグレーターです。4面も2～4種のサイズになっており、チーズだけでなく、りんご、にんじんなども削れます。　**11.** 底の分厚い鉄製のフライパンで、ステーキ、目玉焼き、パンケーキ、ピタパンなどなんでも焼けますが、特に肉を焼くのに向いています。さびやすいので、洗剤は使わずによく洗い、焦げたらタワシを使ってください。空焼きして水分をしっかり飛ばして油を薄く塗って保管します。

# Breakfast, Brunch & Lunch

## ブレックファースト、ブランチ & ランチ

アメリカンは朝食やブランチが大好き。
"Breakfast for dinner(ブレックファースト フォー ディナー)" という
コンセプトもあって、晩ごはんに朝食メニューを食べる日もあります。
そんな日は子どもたちも大喜びで、親も楽ちんです。
普段はシリアルやトーストなどシンプルな朝食を取る人が多いので、
レストランやダイナーで食べる朝食は特別です。
朝食を提供する店がとても多いのも、朝食好きのアメリカンならでは。
NYではドーナツやベーグル＆コーヒーが大人気です。

# Pancakes

パンケーキ

東海岸北部の朝食にはメープルシロップが欠かせません。
サトウカエデの樹液を煮詰めて濃縮した天然の甘味料です。
NYCから北に4時間ほどドライブすると、
メープルシロップで有名なニューハンプシャー州や
バーモント州に行くことができます。
メープルファームでは朝食が食べられる所もあり、
週末のブランチに出かけて楽しむことも。
カリッと焼いたベーコンやフレッシュフルーツを添えたり、
好みの具材を生地に混ぜ込んでオリジナルで楽しんでください。

## INGREDIENTS 材料(2人分)

- 強力粉 ............ 45g
- 薄力粉 ............ 45g
- ベーキングパウダー ............ 小さじ1
- 塩 ............ ひとつまみ
- 砂糖 ............ 大さじ1
- 卵 ............ 1個
- 牛乳 ............ 140ml
- 溶かしバター(または植物油) ............ 20g
- バター ............ 適量
- メープルシロップ ............ 適量
- 焼いたベーコン ............ 適宜

## PROCEDURES 作り方

1. 大きめのボウルに強力粉、薄力粉、ベーキングパウダー、塩、砂糖を入れ、泡立て器で全体を混ぜる。
2. 卵と牛乳を加え、泡立て器でよく混ぜる。よく混ざったら溶かしバターを加えて混ぜる。
3. 1に2を加えて泡立て器で素早くしっかり混ぜ合わせるA B。そのまま15分ほど生地を休ませる。
4. フライパンを中火で熱する。少量の油(分量外)を薄く塗り、お玉で生地をすくってフライパンの上に広げる。
5. 弱火にして1分半〜2分焼き、生地表面に気泡が弾けてきたら裏返しC、さらに1分半〜2分焼く。残りの生地も同様に焼く。
6. 皿に数枚盛り、バターをのせてメープルシロップをかける。好みでカリカリに焼いたベーコンを添える。

**MEMO**
- チョコレートチップ、バナナ、冷凍ブルーベリーなど、好みの具材を生地に加えても。
- 本場の味に近づける場合は、牛乳をバターミルクにするか、レモン果汁小さじ2を加えます。
- 薄力粉と強力粉を混ぜていますが、どちらか1種類の粉90gでも大丈夫です。

Two Eggs Any Style (Recipe » P.020)

Two Eggs Any Style (Recipe » P.020)

Breakfast, Brunch & Lunch

# Two Eggs Any Style

## 2個の卵、お好みのスタイルで

NYの隣のニュージャージー州は全米でいちばんダイナーが多い州です。
卵2個、じゃがいものホームフライ、種類を選べるトースト、
ベーコンまたはソーセージがセットの朝食は、ダイナーフードの定番。
私はニュージャージー州の高校に3年間通っていたので、
友人とダイナーで朝食を食べたのがよい思い出に残っています。
当時の金額で$6.99。$10で飲み放題のコーヒー付きでした。

## INGREDIENTS　材料(2人分)

☐ 卵　-------------------------------------------------- 4個
☐ ベーコン(スライス)　------------------------- 4枚(またはソーセージ2本)
☐ 植物油　-------------------------------------------------- 適量
〈ホームフライ〉
☐ じゃがいも　-------------------------------------------- 中2個
☐ 玉ねぎ　-------------------------------------------------- 1/2個
☐ バター　-------------------------------------------------- 10g
☐ オリーブオイル　-------------------------------------------- 10g
☐ オレガノ(ドライ)　------------------------------------------ 少々
☐ パプリカパウダー　------------------------------------------ 少々
☐ 塩・黒胡椒　-------------------------------------------- 各適量

☐ トースト(スライス)　------------------------------------------ 適量
☐ トマトケチャップ　------------------------------------------ 適量

## PROCEDURES　作り方

1. 卵は自分の好きなスタイルで油を引いたフライパンでスクランブルエッグまたは目玉焼きにするか、茹でて茹で卵にする。

2. ベーコンは油を引かず、フライパンでカリッとするまで焼く。ソーセージも同様に油を引かずに焼く。

3. ホームフライを作る。じゃがいもはよく洗い、皮付きのまま1〜2cm角に切り、玉ねぎは1cm角に切る。

4. フライパンにバターとオリーブオイルを中火で熱し、じゃがいもと玉ねぎを加えて蓋をして3分加熱する。3分したら混ぜ、さらに蓋をして3分加熱する。じゃがいもに火が通ったら、オレガノとパプリカパウダーをふり、塩と黒胡椒で味を調える。

5. 皿に盛り、好みで黒胡椒(分量外)をふり、トーストとトマトケチャップを添える。

MEMO
・すべて同じフライパンで作れます。最初にベーコンを焼き、残った油でホームフライを作ると美味しいです。

# Waffles

ワッフル

アメリカのワッフルはヨーロッパのものと違い、パンケーキに似ています。
形も丸、四角など持っているワッフルメーカーによってさまざま。
子どもの頃自分で焼かせてもらえると、
そのでき上がった形にワクワクしていました。
そのままでは味があまりないので好みのトッピングをのせて食べます。
アメリカ南部ではフライドチキンをのせてメープルシロップをかけて食べる、
「Chicken & Waffles（チキン＆ワッフル）」（P.051参照）が人気です。

**INGREDIENTS** 材料(2人分)

- □ 強力粉 ―――――――――――――――――― 45g
- □ 薄力粉 ―――――――――――――――――― 45g
- □ ベーキングパウダー ――――――――――――― 小さじ1
- □ 塩 ―――――――――――――――――――― ひとつまみ
- □ 砂糖 ――――――――――――――――――― 大さじ1
- □ 卵 ―――――――――――――――――――― 1個
- □ 牛乳 ――――――――――――――――――― 140ml
- □ 溶かしバター（または植物油）――――――――― 40g
- □ いちご ―――――――――――――――――― 適量
- □ チョコレートシロップ ――――――――――――― 適量

**PROCEDURES** 作り方

1. 大きめのボウルに強力粉、薄力粉、ベーキングパウダー、塩、砂糖を入れ、泡立て器でよく混ぜる。
2. 卵と牛乳を加え、泡立て器でよく混ぜる。よく混ざったら溶かしバターを加えて混ぜる。
3. 1に2を加えて泡立て器で素早くしっかり混ぜ合わせ、そのまま15分ほど生地を休ませる。
4. ワッフルメーカーの両面に薄く油（分量外）を塗る。お玉で生地をすくってのせ A 、キツネ色になるまで両面を焼く B 。残りの生地も同様に焼く。
5. 皿に半分に切ったいちごとともにのせ、チョコレートシロップをたっぷりかける。

**MEMO**
・パンケーキと同じ生地ですが、ワッフル生地は油の量が倍になります。
・チョコレートシロップの代わりにメープルシロップやパンケーキシロップをかけても。

# French Toast

フレンチトースト

朝食の定番で、学食でもよく出てきました。
家で作るときはフレンチトースト用にパンを買ってくることはあまりなく、
そのまま食べるにはかたくなってしまったパンの残りを使います。
NYの店ではハッラー（P.136参照）やブリオッシュを使ったものが人気。
残ったバブカ（P.164参照）で作っても、とてもリッチな味になります。

**INGREDIENTS** 材料(2人分)

- ☐ ハッラー（P.136参照。またはバゲットなど好みのパンのスライス） ……… 4枚
- ☐ 卵 …………………………………………………………………… 2個
- ☐ 牛乳 ………………………………………………………………… 150ml
- ☐ 砂糖 ………………………………………………………………… 大さじ2
- ☐ 塩 …………………………………………………………………… ひとつまみ
- ☐ シナモンパウダー ………………………………………………… 小さじ1/2
- ☐ バニラエキストラクト …………………………………………… 小さじ1/2
- ☐ バター ……………………………………………………………… 10g
- ☐ いちご ……………………………………………………………… 適量
- ☐ ブルーベリー ……………………………………………………… 適量
- ☐ メープルシロップ ………………………………………………… 適量

**PROCEDURES** 作り方

1. ボウルに卵、牛乳、砂糖、塩、シナモンパウダー、バニラエキストラクトを入れてよく混ぜ合わせる。
2. 深めの保存容器にハッラーを入れて **1** を注ぎ、冷蔵庫でひと晩置く。
3. フライパンにバターを溶かし、中火で両面がこんがり焼けるまで **2** を焼く A B 。
4. 皿に半分に切ったいちご、ブルーベリーとともにのせ、メープルシロップをたっぷりかける。

Easiest Home-Made Maple Granola (Recipe » P.028)

Smoothie Bowl (Recipe » P.028)

Breakfast, Brunch & Lunch

# Easiest Home-Made Maple Granola

## 自家製グラノーラ

ボウルで混ぜてオーブンで焼くだけの簡単なグラノーラ。
いろいろなオートミールがありますが、何を使ってもOKです。

**INGREDIENTS** 材料（作りやすい分量）

- ☐ オートミール ---------------------- 100g
- ☐ 好みのナッツや種（ごま、アマニ、ひまわりの種、
  アーモンド、ココナッツフレークなどを合わせて）
  --------------------------------- 30g
- ☐ メープルシロップ ------------------ 50g
- ☐ 植物油（太白ごま油、米油、菜種油、
  キャノーラ油など）----------------- 20g
- ☐ 塩 ------------------------------ ふたつまみ
- ☐ ドライフルーツ
  （レーズン、クランベリー、アプリコットなど）--- 適量

**PROCEDURES** 作り方

1. オーブンを170℃に予熱する。
2. ボウルにドライフルーツ以外のすべての材料を入れてよく混ぜる。
3. 天板にオーブンシートを敷き、**2**を広げてのせて温めたオーブンで10分焼く。
4. 10分したら火傷しないように気をつけて天板を取り出す。木ベラで全体をよく混ぜ、さらに15分焼く。
5. オーブンから取り出してそのまま冷まし、ドライフルーツを混ぜる。

MEMO
・メープルシロップをたっぷり使いますが、甘みはそれほど強くありません。
　好みで量を調整してもよいでしょう。
・完全に冷まして密閉容器に入れ、1か月保存可能。

# Smoothie Bowl

## スムージーボウル

熟したバナナを冷凍し、好きな具材と一緒にミキサーで混ぜるだけの、
ヘルシーなアイスクリームを"Nice Cream（ナイスクリーム）"といいます。
グラノーラやフルーツなどのトッピングをのせると、子どもも喜ぶスムージーボウルに。

**INGREDIENTS** 材料（2人分）

- ☐ 冷凍バナナ ------------------------ 2本
- ☐ 冷凍ブルーベリー（または冷凍いちご）
  --------------------------- 30〜40g
- ☐ ココナッツミルク ------------------ 80ml
- ☐ 自家製グラノーラ ------------------- 適量
- ☐ 好みのトッピング（バナナ、いちご、ブルーベリー、
  ドラゴンフルーツ、ココナッツフレーク、
  チアシード、ヘンプシードなど）-------- 適量
- ☐ はちみつ ------------------------- 適量

**PROCEDURES** 作り方

1. ミキサーに冷凍フルーツとココナッツミルクを入れ、滑らかになるまで撹拌する。
2. ボウルによそい、自家製グラノーラ、好みのトッピングをのせてはちみつをかける。

# Avocado Toast

アボカドトースト

乳製品や卵を使っていないハード系のパンを使えば、
ヘルシーなヴィーガンブレックファーストにもなります。
好みのトッピングでアレンジし、ヘルシーな栄養たっぷりの朝食に。

**INGREDIENTS** 材料(2人分)

- ☐ カンパーニュ（スライス） —————————————————— 4枚
- ☐ アボカド —————————————————— 1〜2個
- ☐ 目玉焼き —————————————————— 2個
- ☐ エブリシングシーズニング（P.144参照） ——————————— 少々
- ☐ シラチャーソース —————————————————— 適量
- ☐ 塩・黒胡椒 —————————————————— 各適量

**PROCEDURES** 作り方

1. カンパーニュは何もつけずにトーストする。
2. アボカドは種を取って皮をむき、薄切りにする。トーストにのせ、アボカドがやわらか過ぎる場合はフォークでマッシュしながらトーストに塗る。
3. 2の2枚にエブリシングシーズニングをふる。残り2枚に焼いた目玉焼きをのせて塩と黒胡椒をふり、シラチャーソースをかける。

**MEMO**
・パンは好みのものを使ってください。
・目玉焼きのほか、茹で卵、スモークサーモン、トマト、ナッツなど、好みのトッピングをしたり、レモンを搾っても。

# Eggs Benedict

エッグベネディクト

ウォール街で働いていた"Lemuel Benedict(レミュエル ベネディクト)"が
二日酔いを治すために"Waldorf Hotel(ウォルドーフホテル)"のシェフに
頼んで作ってもらった料理だそうです。
そのメニューをシェフが気に入り、定番のメニューになり、やがて全米に広がりました。
定番の具材はスモークサーモンか、カナディアンベーコン。
今回は少し厚めのハムで代用します。

**INGREDIENTS** 材料(2人分)

- □ イングリッシュマフィン ……………………………………… 2個
- □ ハム(厚めのもの) …………………………………………… 適量
- □ 卵 ……………………………………………………………… 4個
- □ 好みの葉野菜 ………………………………………………… 適量
- □ ビネグレッドドレッシング(P.120参照) ………………………… 適量
- □ チャイブ(または小ねぎ) ……………………………………… 少々
- □ 黒胡椒 ………………………………………………………… 少々

〈オランデーズソース〉
- □ 卵黄 …………………………………………………………… 1個
- □ レモン果汁 …………………………………………………… 小さじ1
- □ ディジョンマスタード ………………………………………… 小さじ1/2
- □ 塩 ……………………………………………………………… 小さじ1/4
- □ カイエンペッパー …………………………………………… 少々
- □ 溶かしバター ………………………………………………… 50g

**PROCEDURES** 作り方

1. ポーチドエッグを作る。鍋に水1ℓと酢大さじ1(ともに分量外)を入れて沸騰させる。沸騰したら弱～中火にして小さなボウルに割った卵をお玉にのせ、ひとつずつゆっくりと湯の中に入れる。常に弱い力で混ぜ、卵が鍋の底にくっつかないようにする。

2. 3～4分茹で、白身に火が通り、黄身がとろとろの状態になったら湯から上げて氷水に入れる。黄身は弱い力で押すと、黄身への火の通り具合が分かる。卵をきれいな形にハサミで整え、ペーパータオルの上で水気を取る。

3. オランデーズソースを作る。ボウルに溶かしバター以外の材料を入れ、泡立て器でよく混ぜる A 。その後溶かしバターをゆっくり加え、常に泡立て器で乳化するまで混ぜる B 。冷えると分離するので、その際は湯煎にかける。

4. イングリッシュマフィンは横半分に切り、何も塗らずにトーストする。

5. 皿にイングリッシュマフィンを断面を上にしてのせ、ハム、ポーチドエッグを順に重ねてオランデーズソースをかける C 。小口切りにしたチャイブと黒胡椒をふる。葉野菜を添え、ビネグレッドドレッシングをかける。

**MEMO**
・ポーチドエッグは前日にも作っておけます。その場合はタッパーに水を入れ、その中に入れて冷蔵庫で保存してください。

Breakfast, Brunch & Lunch

# Huevos Rancheros

ウエボスランチェロス

メキシコ発祥の朝食。
最近ではアメリカでも定番になりました。
トルティーヤ、目玉焼き、サルサ以外のトッピングはお好みで。
ブルックリンにはトルティーヤの工場がいくつかあります。
どこのスーパーでも売っているトルティーヤですが、
工場で買う、でき立ての皮はとても美味しいです。

## INGREDIENTS 材料(2人分)

- ☐ コーントルティーヤ(P.081参照) ---------------------------------- 4枚
- ☐ 卵 ------------------------------------------------------------ 4個
- ☐ アボカド ------------------------------------------------------ 1個
- ☐ サルサ(P.223参照) ------------------------------------------ 200ml
- ☐ リフライドビーンズ ------------------------------------------- 1/2缶
- ☐ カッテージチーズ --------------------------------------------- 20g
- ☐ 植物油 -------------------------------------------------------- 適量
- ☐ 塩・黒胡椒 --------------------------------------------------- 各適量
- ☐ シラチャーソース -------------------------------------------- 適量
- ☐ パクチー ------------------------------------------------------ 少々

## PROCEDURES 作り方

1. 目玉焼きを作る。フライパンに油を引き、卵を割り落とす。好みの焼き加減で焼き、塩と黒胡椒をふり、取り出す。

2. 目玉焼きを焼いたフライパンにサルサを入れ、強火で1〜2分加熱して水分を飛ばす。

3. コーントルティーヤとリフライドビーンズは電子レンジまたはフライパンでそれぞれ温める。

4. アボカドは種を取って皮をむき、薄切りにする。

5. 皿にトルティーヤを2枚ずつのせ、リフライドビーンズ適量を塗る。その上に目玉焼きを2個のせ、サルサ、アボカド、カッテージチーズ、粗く刻んだパクチーをトッピングし、シラチャーソースもかける。

MEMO
・市販品のフラワートルティーヤを使っても。その際はサイズが大きいので、1枚で作ってもよいでしょう。

Pastrami on Rye (Recipe » P.039)

Rachel Sandwich (Recipe » P.039)

# Pastrami

パストラミ

NYにはたくさんのサンドイッチがありますが、その中でも定番中の定番なのが、
パストラミをたっぷり挟んだパストラミ・オン・ライ。必ずライ麦パンが使われるのも特徴のひとつです。
そしてチーズを挟んで焼いたバージョンがレイチェル・サンドイッチで、
本場アメリカではコールスローも入っています。
本来パストラミは肉を塩漬けにしたあと、スパイスをまぶしてスモークして調理します。
また牛肉のブリスケットという部位を使いますが、ここでは家庭でも手に入りやすいもも肉を使います。
また家庭では長時間スモークすることは難しいので、スモークドソルトを使用してスモークフレーバーを出します。

## INGREDIENTS　材料（作りやすい分量）

- ☐ 牛肉（モモ、肩バラなどのブロック） ……… 700g
- ☐ にんにく ……… 1かけ
- ☐ 砂糖 ……… 40g
- ☐ スモークドソルト ……… 35g
- ☐ プラハパウダー ……… 3g

〈スパイスA〉
- ☐ ベイリーフ ……… 1枚
- ☐ 鷹の爪 ……… 1本
- ☐ シナモンスティック ……… 1/4本
- ☐ クローブ（ホール） ……… 2個
- ☐ ジュニパーベリー（ホール） ……… 2個
- ☐ マスタードシード（ホール） ……… 小さじ1/2
- ☐ コリアンダーシード（ホール） ……… 小さじ1/2
- ☐ 黒胡椒（ホール） ……… 10粒

〈スパイスB〉
- ☐ コリアンダーパウダー ……… 大さじ2
- ☐ 黒胡椒 ……… 大さじ2
- ☐ スモークパプリカパウダー ……… 小さじ2
- ☐ オニオンパウダー ……… 小さじ1
- ☐ ガーリックパウダー ……… 小さじ1
- ☐ 砂糖 ……… 小さじ2

## PROCEDURES　作り方

1. スパイスAは香りが立つまでフライパンで乾煎りする。
2. 保存容器に乾煎りしたスパイスA、潰したにんにく、砂糖、スモークドソルト、プラハパウダー、水700ml（分量外）を入れて混ぜ、牛肉を加えて冷蔵庫で1週間置く A 。
3. 冷蔵庫から肉を取り出して水気をきり、肉の周りによく混ぜたスパイスBを全面にまぶす。
4. 肉をアルミホイルでしっかり包み、深めの耐熱皿に置いて150℃に温めたオーブンで90分焼く。焼けたらオーブンから取り出して粗熱を取る B 。

**MEMO**
・漬け込む際は肉が液体から出ないようにすることが大切なので、ポリ袋に入れて空気を抜いて保存しても。
・残った肉は肉汁に漬けて保存します。

# Pastrami on Rye パストラミ・オン・ライ

**INGREDIENTS** 材料（1人分）

- ライ麦パン
  （またはカンパーニュのスライス） ------ 2枚
- パストラミ ------------------------ 200g
- 粒マスタード ------------------------ 適量
- ハーフサワーピクルス（P.237参照） ---- 適量

**PROCEDURES** 作り方

1. ライ麦パンは何もつけずにオーブントースターで焼き、粒マスタードを片面にたっぷり塗る。
2. 1に薄く切ったパストラミをたっぷり挟み、皿にのせてハーフサワーピクルスを添える。

# Rachel Sandwich レイチェル・サンドイッチ

**INGREDIENTS** 材料（1人分）

- ライ麦パン
  （またはカンパーニュのスライス） ------ 2枚
- パストラミ ------------------------ 200g
- スライスチーズ（溶けるもの） --------- 適量
- 粒マスタード ------------------------ 適量

**PROCEDURES** 作り方

1. ライ麦パンは粒マスタードを片面にたっぷり塗る A。
2. 薄く切ったパストラミとチーズを挟み B、オーブントースターでチーズが溶けるまで焼く C。

MEMO ・本場の味に近づける場合はコールスローを挟んでも。

# Hamburger

ハンバーガー

ハンバーガーのパテは、赤身80％脂肪20％の牛挽き肉がベストといわれています。
アメリカで挽き肉を買うときは赤身率が書いてありますが、
日本のスーパーで売っている牛挽き肉は何％なのか表示がありません。
より美味しいハンバーガーを作りたいようでしたら、
自分で脂肪分の量が丁度よいサーロインなどを買ってきて
包丁やミンスの機械を使って挽き肉にするのもひとつの手です。
このレシピでは脂の多いものと赤身が多いものを買ってきて混ぜて使っています。
精肉店でお願いするのもよい方法です。

パテの作り方も特徴的で、NYでアルバイトしていたときに、
パテの肉を無意識に日本のハンバーグのように捏ねたらとても怒られた記憶があります。
その肉は使い物にならなくなり、賄いのラザニアのボロネーゼに。
ハンバーガーのコツは、"肉を触るのは最小限！"と教わりました。
ハンバーガー専用のスパイスなどいろいろな種類が売られていますが、
美味しい肉を使えば味付けは塩と黒胡椒のみで十分です。

アメリカではBBQの定番はハンバーガーとホットドッグ。
炭火で焼いたパテを同じく炭火で温めたバンズに挟んで、
ケチャップだけで食べるハンバーガーはアメリカンのコンフォートフードです。
トッピングは多くても焼ける直前にのせたスライスチェダーチーズのみ。
高校生のときの友人は、そのシンプルなハンバーガーをとても大きなコーラを飲みながら、
ひとりで5個食べていて、とてもびっくりしたのを覚えています。

Hamburger (Recipe » P.043)

# Hamburger ハンバーガー

**INGREDIENTS** 材料（2人分）

- ☐ バーガーバンズ ------------------- 2個
- ☐ 牛挽き肉 ---------------------- 200g
- ☐ スライスチーズ（溶けるもの）--------- 適宜
- ☐ スライストマト ------------------- 2枚
- ☐ スライスオニオン ----------------- 2枚
- ☐ レタス ------------------------ 適量
- ☐ ポテトチップス（P.080参照）-------- 適量
- ☐ ハーフサワーピクルス（P.237参照）---- 適量
- ☐ トマトケチャップ ------------------ 適量
- ☐ イエローマスタード ---------------- 適量
- ☐ 塩・黒胡椒 -------------------- 各適量
- ☐ バター ----------------------- 適宜

**PROCEDURES** 作り方

1. バーガーバンズは好みでバターを引いたフライパンで焼く。
2. 挽き肉は味をつけずに4等分にし、厚さ1cm程度の円形に成形し、片面の中心を少しだけ凹ませる A 。触る回数が少ないほうがよい。凹んだほうの片面に塩と黒胡椒たっぷりふる B 。
3. できれば厚手のフライパンを強火で熱する。油を引かずに凹んだ面を上にして 2 をのせて蓋をし、3分焼く C 。
4. 裏返し、蓋をしてさらに1分焼き D 、チーズバーガーにする場合はスライスチーズをのせて溶かす。
5. バンズでレタス、焼いたパテ2枚、トマト、オニオンを挟む。ハーフサワーピクルスとポテトチップスを添え、トマトケチャップとイエローマスタードで食べる。

**MEMO** ・パテの枚数やグラム数は好みで調整してください。

# Dinner

## ディナー

あまり料理を作らないイメージのアメリカンですが、
大抵の家には必ずオーブンがあるので、オーブンを使った家庭料理が多いです。
仕込みは少しの時間で終わり、あとはオーブンに入れるだけ。
ローストしたチキンやポークは、日曜日のディナーにたくさん作っておけば、
残ったものを忙しい平日にも楽しめます。

Roast Chicken (Recipe » P.049)

# Roast Chicken

ローストチキン

ローストチキンは日曜日のディナーの究極の定番料理です。
シンプルなレシピで少し大きめの丸鶏を焼いておけば、
残った肉はサンドイッチやサラダのトッピングにして
週の中頃まで楽しめます。
丸鶏の中に詰めるのは、冷蔵庫にある余り野菜やハーブでもOK。
玉ねぎを丸鶏の下に敷いて焼けば、
ソースの代わりになる玉ねぎジャムができます。
残った骨は詰めた野菜やハーブと一緒に
ぜひチキンストック(P.233参照)にしてみてください。

**INGREDIENTS** 材料(作りやすい分量)

- ☐ 丸鶏 ---------- 1羽(約1.5kg)
- ☐ 玉ねぎ ---------- 1/2個
- ☐ セロリ ---------- 1本
- ☐ タイム ---------- 4〜5本
- ☐ ローズマリー ---------- 適宜
- ☐ パプリカパウダー ---------- 小さじ2
- ☐ ガーリックパウダー ---------- 小さじ1
- ☐ 塩 ---------- 小さじ2
- ☐ 黒胡椒 ---------- 小さじ1
- ☐ オリーブオイル ---------- 20g

**PROCEDURES** 作り方

1. 丸鶏はペーパータオルで水分をよくふき、常温に30分ほど置く。
2. 玉ねぎは薄切りにし、セロリは鶏肉の大きさに合わせて3〜4等分に切る。
3. パプリカパウダー、ガーリックパウダー、塩、黒胡椒、オリーブオイルをよく混ぜる。
4. 3を鶏肉の表面に塗るA。皮の下に指を入れて塗ってもよい。セロリ、タイム、ローズマリーを鶏肉の中に入れB、タコ糸で足を縛りC、両手羽は胴の下に入れる。
5. 大きめの耐熱容器に玉ねぎを敷いて鶏肉をのせD、200℃に温めたオーブンで45〜50分以上焼く。
6. いちばん厚い部分の中心温度が75℃になったら焼き上がり。
7. ローストチキンを切り分けて玉ねぎとともに盛り、好みでフレッシュなタイム(分量外)を添える。

**MEMO**
・残ったらチキンポットパイ(P.106参照)や、シーザーサラダ(P.114参照)に活用できます。

# Fried Chicken

フライドチキン

アメリカ南部のアフリカ系アメリカンがルーツの伝統料理で、
今ではアメリカ全土でソウルフードとして楽しまれています。
そのまま食べるのはもちろん、ビスケットやバンズに挟んで
サンドイッチにしたりと、食べ方は自由。
スパイスが効いているので、シロップとの相性も抜群です。
ワッフルにのせてシロップをたくさんかけたものは
「Chicken & Waffles(チキン & ワッフル)」と呼ばれ、
NYに専門店もできるほど人気の一品です。

## INGREDIENTS 材料(2人分)

- ☐ 骨付き鶏肉(好きな部位) ……………………………… 500g

〈マリネ液〉
- ☐ 牛乳 ……………………………………………………… 150ml
- ☐ 塩 ………………………………………………………… 10g
- ☐ にんにく(軽く潰したもの) ………………………………… 1かけ
- ☐ 黒胡椒 …………………………………………………… 小さじ1/2
- ☐ ローリエ ………………………………………………… 1枚

〈衣〉
- ☐ 薄力粉 …………………………………………………… 50g
- ☐ コーンスターチ …………………………………………… 50g
- ☐ ベーキングパウダー ……………………………………… 小さじ1
- ☐ 塩 ………………………………………………………… 小さじ1
- ☐ 黒胡椒 …………………………………………………… 小さじ2
- ☐ ガーリックパウダー ……………………………………… 小さじ2
- ☐ オニオンパウダー ………………………………………… 小さじ2
- ☐ カイエンペッパー ………………………………………… 少々

- ☐ 揚げ油 …………………………………………………… 適量
- ☐ ワッフル(P.023参照) …………………………………… 適宜
- ☐ メープルシロップ ………………………………………… 適宜

## PROCEDURES 作り方

1. 鶏肉はフォークの先でたくさん穴をあけてマリネ液の材料とともに保存容器またはポリ袋に入れて軽く混ぜ、冷蔵庫で1時間〜ひと晩置く A 。
2. ボウルに衣の材料を入れてよく混ぜる。
3. 別のボウルに 2 を50g入れ、水75ml(分量外)を加えてよく混ぜる。
4. 水気をきった鶏肉を 3 に浸し B 、 2 の粉をたっぷりまぶす C 。厚めの皮にしたい場合は再度繰り返す。
5. 180℃に温めた揚げ油で5〜8分カラッとするまで揚げる D 。好みでワッフルの上にのせ、メープルシロップをたっぷりかける。

# Coffee Roast Pork

コーヒーローストポーク

アメリカではブロック肉をオーブンでローストするときに、
スパイスミックスを肉にもみ込んで焼くことが多いです。
そのスパイスミックスのことを"Dry rub（ドライラブ）"といいます。
コーヒーとスパイスをミックスしたドライラブをもみ込めば、
短時間焼くだけで、長時間焼いたように味に深みが出ます。
1時間以上、肉がホロホロになるまで焼いて
フォークなどで肉をほぐせば"Pulled Pork（プルドポーク）"になります。

**INGREDIENTS** 材料（作りやすい分量）

- 豚肩ロース肉（ブロック） ……………………………………… 500g
- じゃがいも ……………………………………………………… 小3個
- コーンブレッド（P.154 参照） ………………………………… 適量

〈ドライラブ〉
- コーヒー豆（ドリップ用に挽いたもの） ……………………… 大さじ1
- パプリカパウダー ……………………………………………… 小さじ1
- オニオンパウダー ……………………………………………… 小さじ1/2
- ガーリックパウダー …………………………………………… 小さじ1/2
- コリアンダーパウダー ………………………………………… 小さじ1/4
- 砂糖 ……………………………………………………………… 小さじ1
- 塩 ………………………………………………………………… 小さじ1
- 黒胡椒 …………………………………………………………… 小さじ1

**PROCEDURES** 作り方

1. 豚肉はフォークの先で穴をたくさんあける。ドライラブの材料を合わせて混ぜるA。
2. 混ぜたスパイスを豚肉によくもみ込むB。
3. 皿にのせ、ラップを被せて冷蔵庫でひと晩置くC。時間がない場合は、常温に1時間ほど置いてすぐに焼いてもよい。
4. 焼く1時間前に豚肉を常温に置く。じゃがいもはよく洗い、皮付きのままひと口大に切る。
5. 深めの耐熱皿にじゃがいもを入れ、その上に豚肉をのせるD。
6. 200℃に温めたオーブンで30分焼く。オーブンから取り出し、アルミホイルを被せて10分置いて余熱で肉汁を閉じ込める。
7. 好みの厚さに切って皿に盛り、じゃがいもとコーンブレッドを添える。

# T-Bone Steak & Mashed Potatoes

T-ボーンステーキ & マッシュポテト

フィレとサーロインの両方味わえる、T-ボーンステーキやポーターハウス。
数人で囲んで、大切な日にステーキハウスで食事をすることもアメリカではよくあります。
精肉に力を入れているマーケットに行くと、熟成肉を買える店もあります。
家庭で焼くポイントは、厚手のフライパンを熱々に熱して
下味をしっかりつけた肉を裏返すとき以外触らないで焼くこと。
マルドンの塩を添えるのがおすすめです。

**INGREDIENTS** 材料（3～4人分）

- T-ボーンステーキ肉（厚さ3～4cmのもの） -------------- 500～600g
- 植物油・塩・黒胡椒 ------------------------------------ 各適量
- フレークソルト（マルドン） ---------------------------- 適量
- タイム ------------------------------------------------ 適量

〈マッシュポテト〉
- じゃがいも -------------------------------------------- 400g
- 牛乳 -------------------------------------------------- 150ml
- バター ------------------------------------------------ 50g
- 塩 ---------------------------------------------------- 小さじ1
- 黒胡椒 ------------------------------------------------ 適量
- イタリアンパセリ -------------------------------------- 少々

**PROCEDURES** 作り方

1. ステーキ肉は1時間前ほど常温に置く。

2. マッシュポテトを作る。じゃがいもは皮をむき、やわらかくなるまで茹でる。

3. 湯を捨て、鍋の中でじゃがいもをマッシュする。牛乳とバターを加え、木ベラでよく混ぜながら弱火で温め、塩と黒胡椒で味を調える。

4. 厚手のフライパンまたはスキレットを煙が出てくるまで中火で温める。ステーキ両面に油を薄く塗り、塩と黒胡椒をたっぷりふる A 。

5. 強火にしてステーキ肉を4分焼く。肉全体がフライパンにしっかりつくように最初だけ押しつけるように焼く B 。裏返し、さらに4分焼いて側面も軽く焼く（肉の厚さで焼き時間が変わる） C 。

6. 焼き終わったらまな板に移し、アルミホイルをふんわり被せ D 、5分置いてから切り分ける。

7. マッシュポテトを器によそい、みじん切りにしたイタリアンパセリをふる。ステーキにフレークソルトと黒胡椒、タイムを添える。

# Eggplant Parmesan

エッグプラントパルム

イタリア系移民の多いNY。
ロウワーマンハッタンにもリトルイタリーという、
イタリア系アメリカンが多く住む地区があります。
またNYCのひとつのスタテンアイランドは
住民の3割以上がイタリアにルーツを持っているとのこと。
そして彼らのほとんどが南イタリアから来たといわれています。
エッグプラントパルムは南イタリアを代表する家庭料理で、
南イタリアからの移民とともにアメリカに根づきました。

### INGREDIENTS 材料（2人分）

- 米なす ……………………………………………… 1個
- オリーブオイル …………………………………… 大さじ1
- マリナラソース（P.235参照）…………………… 200g
- モッツァレラチーズ ……………………………… 100g
- パルミジャーノ・レッジャーノ ………………… 50g
- バジル（細切りにしたもの）…………………… 大さじ1
- 塩・黒胡椒 ………………………………………… 各適量

### PROCEDURES 作り方

1. オーブンを200℃に予熱する。天板にオーブンシートを敷く。
2. 米なすは縦に1cm幅に切る。ハケで両面にオリーブオイルを塗り A 、1の天板に並べて塩と黒胡椒をふる。モッツァレラチーズは薄切りにする。
3. 温めたオーブンでなすを20分焼いて取り出す。
4. 耐熱容器になすを半量敷き B 、マリナラソース半量、モッツァレラチーズ、削ったパルミジャーノ・レッジャーノ半量、バジル半量を順に重ねる C 。
5. 残りのなす、マリナラソース、パルミジャーノ・レッジャーノ、バジルを順に重ねる。
6. 同じ温度のオーブンに入れ、15分焼く。

# Grandma Pizza

グランマピザ

1970年代、NYのロングアイランドに住んでいた
イタリア人のおばあちゃんが最初に作ったといわれています。
温度の低い家庭用オーブンでも
シチリア風のピザを誰でも上手に焼けるように、
生地は丸くのばさずに、ベイキング用の型で四角く焼いたピザ。
作り方の特徴はまず生地にチーズをたっぷりのせ、
その上にマリナラソースをまだらに置くこと。
家庭ごとに好みのトッピングで楽しみ、四角く切り分けて食べます。

**INGREDIENTS**　材料（23cm四方の角型・1枚分）

〈ピザ生地〉
- □ ドライイースト（赤） ……………………………………… 2g
- □ ぬるま湯（38〜42℃） …………………………………… 100ml
- □ 塩 …………………………………………………………… 3g
- □ オリーブオイル …………………………………………… 10g
- □ 強力粉 ……………………………………………………… 85g
- □ 薄力粉 ……………………………………………………… 85g

- □ モッツァレラチーズ（シュレッド） …………………… 100g
- □ マリナラソース（P.235参照） ………………………… 100g
- □ ペパロニ（スライス） …………………………………… 適量

**PROCEDURES**　作り方

1. ピザ生地を作る。ボウルにドライイーストとぬるま湯を入れてよく溶かす。塩、オリーブオイルを加えて混ぜ、強力粉と薄力粉も加えて混ぜる。
2. 粉類と水分が馴染んできたら生地の表面がツルッとするまで1〜2分捏ねる。
3. 丸めてボウルに入れ、ラップを被せて冷蔵庫で12時間置く A 。
4. 生地を冷蔵庫から取り出し、軽くパンチして空気を抜く。型にオリーブオイル（分量外）を塗り、生地をのばし入れる。
5. ラップまたは濡れ布巾を被せて15分ほど置き B 、オーブンを250℃に予熱する。
6. モッツァレラチーズを全体にたっぷりのせ、マリナラソースを所々にのせる C 。
7. ペパロニをのせ D 、温めたオーブンで20分焼く。

**MEMO**
・3の生地は冷蔵庫で24時間保存可能。

Spaghetti & Meatballs (Recipe » P.063)

Meatball Subs (Recipe » P.063)

# Meatballs

ミートボール

挽き肉を丸めて料理するミートボールは世界中にありますが、
アメリカのものは南イタリアの移民が広めたもので、
トマトソースと合わせてパスタやサンドイッチの具として食べます。
ちなみにアメリカで出合うパスタはほとんどが
オーバークックされていて、アルデンテとはほど遠いので、
食べると、びっくりするかもしれません。

## Meatballs ミートボール

**INGREDIENTS** 材料（作りやすい分量）

- 合い挽き肉 ……………………… 300g
- 食パン（8枚切れ） ……………… 1/2枚
- 牛乳 ……………………………… 大さじ2
- 玉ねぎ（みじん切りにしたもの） …… 50g
- 卵 ………………………………… 1個
- パルミジャーノ・レッジャーノ ……… 10g
- 塩 ………………………………… 小さじ1/4
- ガーリックパウダー ……………… 小さじ1/4
- マリナラソース（P.235参照） …… 300g
- オリーブオイル …………………… 大さじ1

**PROCEDURES** 作り方

1. ボウルに食パンと牛乳を入れて2〜3分置く。やわらかくなったら、手やフォークで食パンを細かくする。
2. 1に挽き肉、玉ねぎ、卵、削ったパルミジャーノ・レッジャーノ、塩、ガーリックパウダーを加え、よく捏ねる。
3. 深めの鍋にオリーブオイルを引き、6〜8等分にして丸めた挽き肉を焼く。たまに転がしながら、全体に焦げ目がつくようにする。
4. ミートボール全体に焦げ目がついたら、マリナラソースを加えて蓋をして弱火で15分煮る。

## Spaghetti & Meatballs ミートボールスパゲッティ

**INGREDIENTS** 材料（2人分）

- ミートボール …………………… 6個
- マリナラソース（P.235参照） …… 300g
- スパゲッティ …………………… 200g
- 塩 ………………………………… 適量
- バジル …………………………… 適量
- パルミジャーノ・レッジャーノ ……… 適宜

**PROCEDURES** 作り方

1. 鍋にたっぷりの湯を沸かして塩を加え、袋の表示より1分長めにスパゲッティを茹でる。
2. 鍋にミートボール6個とマリナラソースを入れて温める。
3. 皿に茹で上がったスパゲッティを盛り、2をかける。せん切りにしたバジルを散らし、好みで削ったパルミジャーノ・レッジャーノをふる。

## Meatball Subs ミートボールサンドイッチ

**INGREDIENTS** 材料（2人分）

- ミートボール …………………… 4個
- バゲット（やわらかいもの） ……… 1本
- モッツァレラチーズ（シュレッド） …… 適量
- バジル …………………………… 少々

**PROCEDURES** 作り方

1. バゲットは15cmほどの長さに2本切り、半分の厚さになるように切り目を入れる。
2. 断面にミートボールを2個ずつのせ、ソースもかける A 。モッツァレラチーズをのせ、せん切りにしたバジルを散らす B 。
3. オーブントースターでチーズが溶けるまで焼く。

# Penne alla Vodka

ペンネ・アラ・ウォッカ

イタリア系アメリカンの定番レシピです。
パスタソースを作っているときに白ワインがなく、
近くにあったウォッカをたまたま入れたところ
思いの外美味しくできたのがこのソースの由来だそう。
ウォッカソースはペンネと合わせることが多いですが、
ショートパスタやラビオリとも相性がよいです。

**INGREDIENTS** 材料（2人分）

- ペンネ ……………………………………………………… 200g
- 玉ねぎ ……………………………………………………… 1/2個
- にんにく …………………………………………………… 1かけ
- ウォッカ …………………………………………………… 50ml
- トマトペースト …………………………………………… 50g
- パプリカパウダー ………………………………………… 小さじ1/2
- 砂糖 ………………………………………………………… 5g
- 生クリーム ………………………………………………… 50ml
- バター ……………………………………………………… 小さじ1
- オリーブオイル …………………………………………… 小さじ1
- 塩・黒胡椒 ………………………………………………… 各適量
- パルミジャーノ・レッジャーノ ………………………… 適量
- バジル ……………………………………………………… 適量

**PROCEDURES** 作り方

1. 玉ねぎとにんにくはみじん切りする。
2. 鍋にたっぷりの湯を沸かして塩を加え、袋の表示通りにペンネを茹でて水気をきる。茹で汁200mlは取り置く。
3. 別の鍋にバターとオリーブオイルを中火で熱し、玉ねぎとにんにくを炒める。
4. 玉ねぎを透き通るまで炒めたらウォッカを加えて水分を飛ばし、トマトペースト、パプリカパウダー、砂糖を加えて2分炒める。
5. 取っておいた茹で汁200mlを加え、とろみが出るまで加熱する。
6. 塩と黒胡椒で味を調え、生クリームとペンネを加えて1分ほど沸騰させる。
7. 再度味を見て、必要であれば塩で味を調える。皿に盛り、せん切りにしたバジルと削ったパルミジャーノ・レッジャーノをふる。

Dinner

# Macaroni & Cheese

マカロニ & チーズ

子どもにも大人にも愛されるサイドディッシュ。
ゆるめに作ったベシャメルソースにチェダーチーズがたっぷり入っています。
チェダーチーズはスーパーで売っているものでも美味しくできますが、
少し高級な熟成されたチェダーチーズを使うと、ワインにもよく合います。
ちなみにインスタントのものもたくさん販売されており、
マカロニを茹でてチーズパウダー、牛乳、バターを混ぜるだけででき上がります。
こちらもアメリカの家庭の味、究極の手抜きディナーの完成です。

**INGREDIENTS** 材料（直径20cmのスキレット（容量800ml）・1個分）

- ☐ マカロニ（早茹ででないもの） ……………………………… 100g
- ☐ 牛乳 ……………………………………………………………… 250ml
- ☐ チェダーチーズ（シュレッド） ………………………………… 100g
- ☐ 薄力粉 …………………………………………………………… 15g
- ☐ バター …………………………………………………………… 25g
- ☐ 塩 ………………………………………………………… 小さじ1/4
- ☐ 黒胡椒 …………………………………………………………… 適量

**PROCEDURES** 作り方

1. 鍋にたっぷりの湯を沸かして塩（分量外）を加え、マカロニを袋の表示通りに茹でる。
2. フライパンにバターを弱火で熱し、薄力粉を加えて炒める。泡立て器で焦げないように混ぜながら2分炒める。
3. 牛乳を少しずつ加えて混ぜながら滑らかに溶かし、チェダーチーズを加えて溶かす。
4. 茹で上がったマカロニを加えて混ぜ、木ベラでよく混ぜる。
5. 塩と黒胡椒で味を調え、耐熱容器またはスキレットに入れ、チェダーチーズ（分量外）をたっぷりふる。
6. 魚焼きグリルまたはオーブントースターでチーズが溶けて焦げ目がつくまで焼く。

MEMO
・同じ容量程度のグラタン皿や耐熱容器で作ってもよいでしょう。

# Pierogi

ピエロギ

小麦粉を捏ねて作った生地に具材が入った、
東ヨーロッパの餃子のような料理です。
中身はじゃがいも、ザワークラウト、マッシュルームなど。
ジャムや果物を入れた甘いピエロギもあります。
調理方法も、焼く、茹でる、揚げるなど、餃子にとても似ています。
ポーランド系移民の多く住む地区に住んでいたときに
レストランでよく食べたものがこちらです。

## INGREDIENTS　材料（10個分）

〈皮〉
- 強力粉 ------------------ 50g
- 薄力粉 ------------------ 50g
- バター ------------------ 10g
- 水 ------------------ 40ml
- 卵 ------------------ 20g
- 塩 ------------------ ひとつまみ

〈具材〉
- ザワークラウト（P.236参照）-- 100g
- マッシュルーム ------------ 50g
- 玉ねぎ ------------------ 50g
- バター ------------------ 15g
- 塩・黒胡椒 ------------- 各適量

- 玉ねぎ ------------------ 25g
- バター ------------------ 15g
- サワークリーム ----------- 適量
- イタリアンパセリ（またはチャイブ）-- 少々

## PROCEDURES　作り方

1. 皮を作る。バターと水は合わせ、電子レンジまたは湯せんで溶かす。
2. 大きめのボウルにすべての材料を入れる。フォークでよく混ぜ合わせて粉類と水分が馴染んできたら、表面がツルッとするまで1〜2分捏ねる。丸めてボウルに入れ、ラップを被せて30分ほど置く。
3. 具材を作る。ザワークラウトは水気を絞り、細かく刻む。マッシュルームは薄切りにする。玉ねぎはみじん切りにする。
4. フライパンにバターを中火で熱し、3 を炒める。玉ねぎが少し茶色くなってしんなりするまで10分ほど混ぜながら炒める。
5. 塩と黒胡椒で味を調えて火を止め、そのまま冷ます。
6. 打ち粉（分量外）をふった台に 2 の生地を取り出す。麺棒で3mm程度に薄くのばし、直径7〜8cmのセレクルまたはコップなどで10枚抜く A 。
7. 皮の上に具材を大さじ1ほどのせる B 。皮の端に水を塗って半分に折り、縁を指で押さえ、さらにフォークの先でしっかり生地を密着させる C 。
8. 鍋にたっぷりの湯を沸かして塩（分量外）を加え、ピエロギが浮いてくるまで5分ほど茹でる D 。茹で汁は少し取り置く。
9. 茹でている間にフライパンにバターを中火で熱し、みじん切りにした玉ねぎを炒める。茹で上がったピエロギと茹で汁大さじ2を加え、1分ほど馴染ませるように炒める。
10. 皿に盛り、サワークリームを添えて粗みじん切りにしたイタリアンパセリを散らす。

General Tso's Chicken (Recipe » P.072)

Shrimp Low Mein (Recipe » P.073)

# General Tso's Chicken

ツォ将軍のチキン

アメリカンチャイニーズのテイクアウトの定番料理、
ツォ将軍のチキンです。名前の由来は諸説あるようですが、
マサチューセッツ州の小さな町のチャイニーズレストランでは
"General Gau's Chicken（ジェネラルガウズチキン）"と、少し違う名前でした。
どちらにせよ、学食の食事が西洋料理ばかりで飽きていて
毎週末寮の東アジア人で集まり、
みんなでオーダーしていたのが懐かしい思い出です。

**INGREDIENTS**　材料(2人分)

- ☐ 鶏もも肉（または鶏胸肉） ---------- 250g

〈合わせ調味料〉
- ☐ 醤油 ---------- 大さじ1
- ☐ 砂糖 ---------- 大さじ1
- ☐ 甜麺醤（また海鮮醤） ---------- 大さじ1/2
- ☐ 米酢 ---------- 小さじ1
- ☐ チリペースト ---------- 小さじ1
- ☐ ごま油 ---------- 小さじ1
- ☐ コーンスターチ ---------- 小さじ1
- ☐ おろししょうが ---------- 小さじ1
- ☐ おろしにんにく ---------- 小さじ1

- ☐ コーンスターチ ---------- 40g
- ☐ 揚げ油 ---------- 適量
- ☐ 茹でブロッコリー ---------- 適量
- ☐ 白ごま ---------- 適量

**PROCEDURES**　作り方

1. ボウルに合わせ調味料の材料をすべて入れて混ぜ合わせる。
2. 鶏肉は皮を取り除き、食べやすい大きさに切る。別のボウルに入れ、合わせ調味料大さじ3を加えてよくもみ込み、30分置く A 。
3. 2にコーンスターチを加えてよくもみ込み B 、180℃に温めた揚げ油で香ばしく揚げる C 。
4. フライパンに残りの合わせ調味料と水50ml（分量外）を入れ、とろみがつくまで強火で加熱する。
5. とろみがついた調味料に油をきった鶏肉を加え、さっと絡める D 。
6. 皿に茹でブロッコリーとともに盛り、白ごまをふる。

# Shrimp Lo Mein

ロウメイン

"Lo Main(ロウメイン)"、別名 "Chow Mein(チョウメイン)"。
家庭で作るときは重曹を少し入れたお湯で
スパゲッティを茹でて作る人もいるそうです。
アジア人以外の家庭ではオイスターソースがないことが多いので、
入れないバージョンのレシピを紹介します。
お持ちの際は加えても。その際は醤油の量を加減してください。

**INGREDIENTS**　材料(2人分)

| | |
|---|---|
| □ 中華麺の太麺(生麺) | 200g |
| □ むき海老 | 8尾 |
| □ にんじん | 1/4本 |
| □ セロリ | 1/2本 |
| □ 赤ピーマン | 2個 |
| □ にんにく | 1かけ |

〈合わせ調味料〉

| | |
|---|---|
| □ 醤油 | 大さじ2 |
| □ 砂糖 | 小さじ2 |
| □ ごま油 | 小さじ2 |
| □ おろししょうが | 小さじ1 |
| □ 植物油 | 小さじ2 |

**PROCEDURES**　作り方

1. 海老は背ワタがあれば、取り除く。にんじん、セロリ、赤ピーマンは細切りにする。にんにくはみじん切りにする。合わせ調味料は混ぜ合わせる。

2. 中華麺は袋の表示通りに茹でる。ザルに上げて水気をきり、冷水でぬめりを洗い落とす。

3. フライパンに油を中火で熱し、にんにくと海老を炒める A 。1分ほど炒めて香りが立ってきたら細切りにした野菜を加え、さらに2〜3分炒める B 。海老の大きさに合わせ、しっかり火が通るまで炒める。

4. 茹でた麺と合わせ調味料を加え C 、1分ほど炒め合わせる。

# Food Truck

## フードトラック

さまざまな国の料理を手軽に楽しめるフードトラックやベンダーカー。
物価の上昇とともに人気も上昇しています。
NYといえば昔からホットドッグやプレッツェルが有名ですが、
最近ではハラール料理や中南米料理、日本のたこ焼きまで
幅広いジャンルのフードトラックが出店しています。

# Hot Dog

ホットドッグ

人種、年齢などに関係なく愛される軽食、ホットドッグ。
NYの定番はビーフ100％のソーセージをバンズに挟んで
ザワークラウトをのせてマスタードをかけたものです。
トッピングもトマトケチャップ、レリッシュ、
玉ねぎ、フライドオニオン、チリコンカン、チーズなどさまざまです。
私が子どもの頃は$1〜2でしたが、今では$5ぐらいします。
野球観戦に行くとスタジアムで食べている人が多くいます。

## Chili Hot Dog チリホットドッグ

**INGREDIENTS** 材料（2人分）

☐ ホットドッグバンズ ------------------ 2本
☐ ロングソーセージ ------------------- 2本
☐ チリコンカン（P.109参照）----------- 適量
☐ チェダーチーズ（シュレッド）--------- 適量
☐ チャイブ（または小ねぎ）------------ 適量

**PROCEDURES** 作り方

1. ホットドッグバンズはオーブントースターで温める。

2. ロングソーセージは1〜2分茹でて温める。

3. バンズに水気をきったソーセージを挟む。チリコンカン、チェダーチーズをのせ、小口切りにしたチャイブを散らす。

## Sauerkraut Hot Dog ザワークラウトホットドッグ

**INGREDIENTS** 材料（2人分）

☐ ホットドッグバンズ ------------------ 2本
☐ ロングソーセージ ------------------- 2本
☐ ザワークラウト（P.236参照）--------- 適量
☐ イエローマスタード ----------------- 適量

**PROCEDURES** 作り方

1. ホットドッグのバンズはオーブントースターで温める。

2. ロングソーセージは1〜2分茹でて温める。

3. バンズに水気をきったソーセージを挟む。ザワークラウトをのせ、イエローマスタードをたっぷりかける。

# Lobster Rolls & Potato Chips

ロブスターロール & ポテトチップス

ボストンの郷土料理、ロブスターロールには
サイドディッシュにホームメイドポテトチップスが必須。
ブルックリンに住んでいたとき、
週末のブランチが人気のお店でアルバイトしていました。
私の役割はサラダを作ることと、
サイドディッシュのポテトチップスを揚げ続けること。
熱々の油に酢水に浸っているスライスポテトを放り込む、
日本では考えられないほど豪快な調理法でした。
シーズニングは塩と胡椒のみでしたが、とても満足感があり、
ポテトチップスが食事として成立しているのにびっくりしたのを覚えています。
中学校の遠足に寮母さんが持たせてくれたハムとチーズのサンドイッチと
黄色い袋に入った"Lay's (レイズ)"のポテトチップスは、
今でもアメリカ定番のランチのセットです。

## INGREDIENTS 材料(1人分)

- ホットドッグバンズ ……………………………………… 1本
- 茹でロブスター（冷凍） ………………………… 1尾（正味350g）
- セロリ ………………………………………………… 1/4本
- パセリ ………………………………………………… 適量
- アメリカンマヨネーズ ………………………………… 20g
- オールドベイシーズニング（またはシーフードシーズニング） ……… 小さじ1/2
- 塩・黒胡椒 …………………………………………… 各適量
- ポテトチップス（P.080参照） ……………………… 適量

## PROCEDURES 作り方

1. ロブスターは解凍してナッツクラッカーまたはキッチンバサミでさばき、身を取り出して食べやすい大きさに切る A-E 。
2. セロリは5mm角に切り、パセリはみじん切りにする。
3. ボウルに1、2、アメリカンマヨネーズ、オールドベイシーズニングを入れよく混ぜ、塩と黒胡椒で味を調える F G 。
4. ホットドッグバンズはオーブントースターで温め、3のロブスターサラダをたっぷり挟む。
5. 皿に盛り、ポテトチップスを添える。

**MEMO**
- ロブスターが小さい場合はアボカドをプラスしても。
- ロブスターの代わりにむき海老を使うと手軽に作れます。
- 残ったロブスターの殻、ミソ（アメリカでは食べません）は取り置き、ぜひスープストックに使ってください。

# Potato Chips

ポテトチップス

**INGREDIENTS** 材料（作りやすい分量）

- ☐ じゃがいも ········· 2〜3個
- ☐ 水 ····················· 1ℓ
- ☐ 酢 ················· 大さじ1
- ☐ オールドベイシーズニング（または パプリカパウダー）········· 適量
- ☐ 塩・黒胡椒 ·········· 各適量
- ☐ 揚げ油 ················ 適量

**PROCEDURES** 作り方

1. じゃがいもはよく洗い、皮付きのままスライサーで薄切りにする。

2. ボウルに分量の水と酢を入れて混ぜ、じゃがいもを10分ほど浸す。

3. タオルなどで水気をしっかりふき取り A、180℃に温めた揚げ油で、たまに混ぜながらカラッと揚げる B。

4. 揚がったら油をきり、塩、黒胡椒、オールドベイシーズニングで味を調える。

A

B

**MEMO**
・酢水に浸すことで、デンプン質が抜けてカラッと揚がります。

# Corn Tortilla

コーントルティーヤ

### INGREDIENTS 材料(18〜22枚)

- □ マサハリナ（マサ粉） --- 250g
- □ 塩 --------------------- 5g
- □ ぬるま湯（38〜42℃）
   ------------ 200〜300ml

### PROCEDURES 作り方

1. ボウルにマサハリナと塩を入れてよく混ぜる。
2. ぬるま湯を少しずつ加え、粘土程度のかたさになるまで生地を捏ねる A 。
3. 丸めてボウルに入れ、ラップを被せて15分ほど置く。
4. 休ませた生地を25gずつに分けて丸め、ポリ袋を切って広げたものに挟み、トルティーヤプレスを使って生地を平らにのばす B C 。
5. 熱々のフライパンで 4 を片面30〜45秒ずつ焼き、使うまで乾燥しないように布で包む。

A

B

C

**MEMO**
・トルティーヤプレスで生地をのばすときはポリ袋または密閉袋を切って広げたものに挟んでのばすと、プレスに生地がくっつかずに便利です。

# Tacos

タコス

NYにもメキシカンの移民が多いので、
本格的なメキシコ料理も食べられますが、
手軽なメキシコ風アメリカ料理"Tex Mex(テクスメクス)"のタコスも人気。
トルティーヤと呼ばれる皮は小麦粉からできたものと、
とうもろこし粉からできたものがあります。
牛挽き肉を使ったフィリングは一般家庭でもよく作ります。
日本の手巻き寿司のように各々が好きなフィリングを選べるので、
好き嫌いが多いアメリカンにも受け入れやすい食事です。

### INGREDIENTS 材料(2〜3人分)

- □ コーントルティーヤ(P.081参照) ......... 12枚
- □ ラディッシュ ......... 2個
- □ パクチー ......... 適量
- □ ライム ......... 適量
- □ サルサ(P.223参照) ......... 適量

〈タコミート〉
- □ 牛挽き肉(赤身) ......... 200g
- □ にんにく ......... 1かけ
- □ チリパウダー ......... 小さじ1
- □ クミンパウダー ......... 小さじ1
- □ オレガノ(ドライ) ......... 小さじ1/2
- □ トマトペースト ......... 大さじ1
- □ オリーブオイル ......... 小さじ1
- □ 塩 ......... 小さ1/2
- □ 黒胡椒 ......... 小さじ1/4
- □ 水 ......... 50ml

### PROCEDURES 作り方

1. タコミートを作る。フライパンにオリーブオイルを中火で熱し、挽き肉とみじん切りにしたにんにくを火が通るまで炒める。
2. チリパウダー、クミンパウダー、オレガノ、トマトペースト、塩、黒胡椒を加えて2分炒める。香りが立ったら水を加え、さらに1分炒める。
3. フライパンでコーントルティーヤを温める。
4. 皿に温めたコーントルティーヤ2枚を重ね、タコミート、薄切りにしたラディッシュ、ざく切りにしたパクチーをのせ、ライムとサルサを添える。

MEMO
・市販のフラワートルティーヤを使っても。その際はサイズが大きいので、1枚で作ってもよいでしょう。

# Cuban Sandwich

キューバンサンドイッチ

キューバ発祥のサンドイッチ。
19世紀頃は船で自由に行き来できていたので、
フロリダからニューヨークへと広まりました。
簡単に食べられるキューバンサンドはその当時から人気だったそう。
クラシックなキューバンサンドイッチはスライスチーズを使いますが、
最近ではいろいろな種類のチーズを使います。
パンも本来はやわらかいバゲットのようなキューバンブレッドを使います。
NYCにある店ではレンガをのせながら焼くお店も。

**INGREDIENTS**  材料(2人分)

- □ バゲット(やわらかいもの) ---------------------------------------- 1本
- □ ハム(薄いもの) ---------------------------------------------- 200g
- □ ローストポーク(薄いもの) -------------------------------------- 150g
- □ イエローマスタード ------------------------------------------- 50g
- □ スライスチーズ(溶けるもの) ------------------------------------- 4枚
- □ ハーフサワーピクルス(P.237参照) ------------------------------- 2本
- □ バター ------------------------------------------------------ 15g

**PROCEDURES**  作り方

1. バゲットは18cmほどの長さに2本切り、半分の厚さに切る。ハーフサワーピクルスは縦に薄切りにする。
2. バゲットの断面にイエローマスタードを端から端までたっぷり塗る。片方の断面にハム、ローストポーク、ピクルスを順にのせ、もう片方の断面にスライスチーズをのせて挟む A 。
3. フライパンにバターを中火で熱し、2 をのせる。上から鍋の蓋などを重しにし B C 、パンが潰れるように両面をこんがり焼く D 。

# Grilled Cheese Sandwich

グリルドチーズサンドイッチ

パンケーキやハンバーガーと並ぶ
鉄板 "Griddle（グリドル）" で作る人気の料理ですが、
フライパンでも気軽に作れます。
グリルドチーズはランチやディナーでも作られ、
マリナラソース（P.235参照）を添えたり
トマトスープとの相性もピッタリです。
通常フィリングはチーズだけですが、
ハムやトマトなど、好みの具材を挟んで焼いても美味しいです。
シンプルな料理だけに "Kids Meal（キッズミール）" に多いメニューです。

**INGREDIENTS**　材料（2人分）

- ☐ 食パン（8枚切り） ------------------------------------------------ 4枚
- ☐ シュレッドチーズ（モッツァレラとチェダーチーズを合わせて） ----------- 適量
- ☐ バター ------------------------------------------------- 適量（常温に戻す）
- ☐ マリナラソース（P.235参照） ---------------------------------- 適宜

**PROCEDURES**　作り方

1. 食パンの片面にバターを塗る。
2. バターを塗った面を下にして食パン2枚をフライパンに置き、チーズをのせる A 。バターを塗った面を上にして残りの食パンを重ね、中火で焼く。
3. キツネ色に焼けたら裏返し、同様に焼く B 。
4. 好みの形に切り、皿に盛る。好みでマリナラソースを添える。

# Falafel Sandwich

ファラフェルサンドイッチ

中東発のリーズナブルでヘルシーなファラフェルはヴィーガンフードでもあり、
ハラールフードでもあるので、それらの食事制限がある人でも食べられます。
NYでも人気のストリートフードのひとつで、
ファラフェルの店は昼から夜中までいつも賑わっています。
日本では飲んだあとのメはラーメンが人気ですが、
NYではこのサンドイッチを食べる人が多く、
近所のファラフェルショップは夜中まで賑わっていました。

**INGREDIENTS**  材料(2人分)

- ピタパン(P.090参照) ―――――――――――――― 3枚
- ビーツのフムス(P.131参照) ―――――――――――― 適量
- レタス ――――――――――――――――――― 適量
- トマト ――――――――――――――――――― 適量

〈ファラフェル〉
- ひよこ豆（乾燥）――――――――――――――― 100g
- 小ねぎ ―――――――――――――――――― 20g
- にんにく ――――――――――――――――― 1かけ
- パセリ ―――――――――――――――――― 10g
- パクチー ――――――――――――――――― 10g
- クミンパウダー ――――――――――――――― 小さじ1
- コリアンダーパウダー ―――――――――――― 小さじ1/2
- 黒胡椒 ―――――――――――――――――― 小さじ1/4
- カイエンペッパー ―――――――――――――― 小さじ1/4
- 塩 ――――――――――――――――――― 小さじ1/2
- 揚げ油 ―――――――――――――――――― 適量

〈ヨーグルトソース〉
- プレーンヨーグルト ――――――――――――― 100g
- パクチーまたはパセリ（みじん切りにしたもの） ――― 10g
- 塩 ――――――――――――――――――― 小さじ1/4

**PROCEDURES**  作り方

1. ファラフェルを作る。ひよこ豆はたっぷりの水に浸し、冷蔵庫で戻す。ひと晩置いたら水気をきり、その他の材料とともにフードプロセッサーに入れて細かくなるまで撹拌する。
2. ディッシャーまたは大さじの計量スプーンにぎゅうぎゅうに詰めて手で丸める A B 。
3. 鍋に揚げ油を180℃に温め、2をこんがりするまで揚げる C 。
4. ヨーグルトソースの材料はよく混ぜ合わせる。
5. ピタパンは半分に切って温める。内側にビーツのフムスを塗り、レタス、薄切りにしたトマト、ファラフェルを2個ずつ詰め、ヨーグルトソースをかける。

# Food Truck

# Pita Bread ピタパン

**INGREDIENTS** 材料(4枚分)

- ドライイースト（赤） ———————————— 小さじ1
- 砂糖 ———————————————————— 小さじ1
- 塩 ——————————————————————— 4g
- オリーブオイル ——————————————— 10g
- 水 ———————————————————————— 110g
- 強力粉 ———————————————————— 90g
- 薄力粉 ———————————————————— 90g

**PROCEDURES** 作り方

1. 大きめのボウルにドライイースト、砂糖、塩、オリーブオイル、水を入れ、木ベラでよく混ぜる。

2. 強力粉と薄力粉も加えて混ぜ、粉類と水分が馴染んだら、表面がツルッとするまで5分ほどしっかり捏ねる。

3. 丸めてボウルに入れる。濡れ布巾を被せ、2倍の大きさに膨れるまで1〜2時間置いて一次発酵させる（保存容器に入れ、ひと晩冷蔵庫で置いてもよい）。

4. 膨らんだ生地を軽くパンチしてガスを抜く。4等分にして切り口を中心に集めるようにして丸め A、濡れ布巾を被せて常温に15分ほど置いて二次発酵させる B。

5. できれば底の厚いスキレットまたはフライパンを強火で煙が出るまで温める。

6. 4の生地を麺棒で直径12cmほどに丸くのばし C、温めたスキレットで焦げ目が軽くつく程度に片面1〜2分ずつ焼く D。膨らむと中に空洞ができるので、半分に切ってサンドイッチに使える。スキレットが十分に熱くならないと生地が膨らまないので注意する。膨らまないときは、ラップサンドのように巻いて楽しんでもよい。

# Chicken over Rice

チキンオーバーライス

ハラールフード（イスラム教で食べることが許されている料理）ですが、
みんなに人気のストリートフードです。
マンハッタンには、ランチどき長蛇の列ができる
フードトラック"The Halal Guys(ハラールガイズ)"があります。
スパイスが効いたチキン、ライス、野菜のプレートで
ホワイトソースとレッドソースをかけて混ぜながら味わいます。
アルミホイルや紙でカバーして売られます。

## INGREDIENTS 材料(2人分)

〈スパイスチキン〉
- 鶏もも肉（皮なし） 1枚
- 鶏胸肉（皮なし） 1枚
- プレーンヨーグルト 大さじ1
- ガーリックパウダー 小さじ1
- パプリカパウダー 小さじ1/4
- チリパウダー 小さじ1/4
- ターメリック 小さじ1/8
- クミンパウダー 小さじ1/8
- 塩 小さじ1/2
- 黒胡椒 小さじ1/4
- オリーブオイル 小さじ2

〈イエローライス〉
- バスマティライス 240g
- 玉ねぎ（みじん切りにしたもの） 1/2個
- にんにく（みじん切りにしたもの） 1かけ
- チキンストック（P.233参照。または市販品でも） 500ml
- クミンパウダー 小さじ1/2
- ターメリックパウダー 小さじ1/2
- 塩 小さじ1/2
- オリーブオイル 大さじ1

〈ホワイトソース〉
- プレーンヨーグルト（ひと晩水気をきったもの） 大さじ2
- マヨネーズ 大さじ2
- レモン果汁 小さじ1/2
- 砂糖 小さじ1/4
- 塩 小さじ1/2
- 黒胡椒 少々
- 水 適量

〈レッドソース〉
- トマト 小1個
- シラチャーソース 大さじ1

- トマトの角切り 適量
- レタスの細切り 適量
- ピタパン（P.090参照） 適宜

## PROCEDURES 作り方

1. スパイスチキンを作る。大きめのボウルにスパイス類、塩、黒胡椒を入れてよく混ぜ合わせる。鶏肉とプレーンヨーグルトを加え、よくもんでラップを被せて冷蔵庫でひと晩置く。フライパンにオリーブオイルを中火で熱し、完全に火が通るまで鶏肉の両面を焼く。粗熱が取れたら、1cm幅に切る。

2. イエローライスを作る。バスマティライスは洗わずに水に15分浸す。鍋にオリーブオイルを引き、玉ねぎとにんにくを中火で炒める。チキンストック、水気をきったバスマティライス、クミンパウダー、ターメリックパウダー、塩を加え、沸騰させる。沸騰したら蓋をして弱火で10分炊いて火を止める。蓋を外してフォークでほぐし、再度蓋をして10分ほど蒸らす。

3. ホワイトソースの材料はよく混ぜ合わせる。レッドソースの材料はミキサーでよく撹拌する。

4. 皿にイエローライス、スパイスチキン、トマト、レタスを盛り合わせ、ホワイトソースとレッドソースをかける。好みでピタパンを添える。

# Jerk Chicken

ジャークチキン

ジャマイカ発祥のジャークチキン。
19〜20世紀、ジャマイカ、ハイチ、ドミニカ共和国などの西インド諸島から
仕事を求めて多くの移民がやって来ました。
その当時は人種差別も激しく、住める地区も限られていたことから、
ブルックリンやブロンクスに、その名残でカリビアンが住む地域があります。
ブルックリンには、有名なジャークチキンの店が数軒あり、
中でも炭火で焼いているところは大人気。
焦げ目が大事な料理なので、フライパンではなく、
BBQの炭火で焼くと美味しさが倍増します。
ちなみにマリネ液には醤油が入っていて、その理由は同じく移民としてやって来た
中国の男性とジャマイカの女性が結婚して醤油を調味料として使い始めたためとのこと。
今ではジャマイカ製の"Soya Sauce(ソヤソース)"もあります。

## INGREDIENTS 材料(2人分)

- ☐ 鶏もも肉 —————————————— 200g
- ☐ 鶏手羽元 —————————————— 200g
〈マリネ液〉
- ☐ 玉ねぎ —————————————— 1/4個
- ☐ にんにく —————————————— 1かけ
- ☐ しょうが —————————————— 1かけ
- ☐ 醤油 —————————————— 小さじ2
- ☐ 五香粉 —————————————— 小さじ1/2
- ☐ タイム(ドライ) —————————————— 小さじ1/4
- ☐ オールスパイス —————————————— 小さじ1/8
- ☐ ナツメグパウダー —————————————— 小さじ1/8
- ☐ カイエンペッパー —————————————— 小さじ1/8
- ☐ 黒胡椒 —————————————— 小さじ1/4
〈カリビアンライス〉
- ☐ 米 —————————————— 150g
- ☐ タイ米 —————————————— 150g
- ☐ マリネ液 —————————————— 全量
- ☐ 水 —————————————— 適量
- ☐ 塩 —————————————— 小さじ1/2
- ☐ オリーブオイル —————————————— 小さじ1
- ☐ ライム —————————————— 適量

## PROCEDURES 作り方

1. マリネ液の材料をフードプロセッサーに入れ、滑らかになるまで攪拌する。
2. ポリ袋にひと口大に切った鶏肉、手羽元、1のマリネ液を入れ、冷蔵庫でひと晩マリネする。
3. カリビアンライスを作る。米とタイ米は軽く洗い、水気をきる。2のマリネ液と水を合わせ400mlになるようにする。
4. 鍋に3と塩を入れて混ぜる。中火にかけ、沸騰したら蓋をして弱火で10分炊く。火を止めてフォークでほぐし、蓋をして10分蒸らす。
5. マリネした鶏肉を焼く。フライパンにオリーブオイルを中火で熱し、水気をふいた鶏肉を焼く(もも肉は皮目を下にする)。蓋をして焦げ目ができるように全面をしっかり焼く。
6. ジャークチキンとカリビアンライスを盛り合わせ、ライムを添える。

MEMO ・炭火で焼くとより美味しいので、BBQメニューにもおすすめです。

# Soup

## スープ

アメリカンはスープが大好き。
夏の暑い日でもスープを飲む人がたくさんいます。
日本でもキャンベルの缶スープが手に入りますが、
キャンベル缶になっているものはだいたい人気のフレーバー。
スープ関連の商品がスーパーには充実しているので、
週末にたくさんスープを作って、平日に食べる家庭もあります。
スープは基本的に家庭で作るものですが、
外食でもアペタイザーとして、サラダ代わりにも食べられます。

# Matzo Ball Soup

マッツァボールスープ

お金がないとき、肉の代わりにクラッカーを使った
ユダヤ人の栄養がたっぷりのスープ
"Jewish Penicillin(ジューイッシュペニシリン)"。
そのため、丸鶏を使ってスープを取ります。
マッツァーボールをマカロニや折ったスパゲッティなどの
パスタに替えるとチキンヌードルスープになります。
ジューイッシュデリでも食べられるNYならではのスープです。

### INGREDIENTS 材料(作りやすい分量)

〈チキンスープ〉
- □ 丸鶏(または好みの部位の骨つき鶏肉) --- 1羽(約1kg)
- □ 玉ねぎ ------------------------------- 1/2個
- □ セロリ ------------------------------- 1/2本
- □ にんじん ----------------------------- 1/2本
- □ にんにく ----------------------------- 1かけ
- □ パセリ ------------------------------- 数本
- □ ローリエ ----------------------------- 1枚
- □ 黒胡椒(ホール) ----------------------- 小さじ1
- □ 水 ----------------------------------- 1ℓ

〈マッツァーボール〉
- □ マッツァークラッカー(または好みのクラッカー) --- 30g
- □ 鶏油(P.233参照。またはオリーブオイル) ------ 15g
- □ 卵 ----------------------------------- 1個
- □ ディル(みじん切りにしたもの) ---------- 小さじ1/2
- □ 塩 ----------------------------------- ひとつまみ
- □ 炭酸水 ------------------------------- 大さじ1

- □ にんじん ----------------------------- 1/2本
- □ ディル ------------------------------- 適量
- □ 塩・黒胡椒 --------------------------- 各適量

### PROCEDURES 作り方

1. チキンスープを作る。玉ねぎは4等分、セロリは5cm幅に切り、にんじんは2cm幅の輪切りにする。にんにくは潰す。

2. 大きめの鍋に丸鶏、切った野菜、パセリ、ローリエ、黒胡椒、分量の水を入れて中火にかける。沸騰したらアクを取り、蓋をして弱火で30分煮る。

3. マッツァーボールを作る。クラッカーはフードプロセッサーで粉砕する。ボウルにすべての材料を入れて混ぜ、冷蔵庫で1時間ほど置く。

4. スープの鶏肉を取り出して少し冷ます。触れる程度に冷めたら、肉をほぐして食べやすい大きさに切り、サラダなどに使う。骨はスープに戻して蓋をしてさらに15分煮る。

5. 別の鍋に多めの塩(分量外)を入れた湯を沸かす。3を好みの大きさに丸め、沸騰した湯に入れる。蓋をして弱火で15分茹でて水気をきる。

6. スープを濾し、鍋に戻し入れ、5mm幅の半月切りにしたにんじんを加える。やわらかくなるまで煮て、塩と黒胡椒で味を調える。

7. 器にマッツァーボールを盛り、スープを注いでみじん切りにしたディルを散らす。

MEMO
- ほぐした鶏肉の身はサラダに入れても美味しいです。
- 本書ではチキンとクランベリーのサラダ(P.112参照)に使っています。

# New England Clam Chowder

ニューイングランドクラムチャウダー

NYの北、ニューイングランド地方発祥の郷土料理。
クラムチャウダーには必ずオイスタークラッカーがついてきます。
たくさんの人たちに好まれていますが、貝についた身のままだと怖くて食べられない人が多いので、身を刻んで使います。
今回は日本で手に入りやすいあさりの缶詰を使いますが、
現地では"Quahog(クアホッグ)"や"Cherrystone(チェリーストーン)"というホンビノス貝、
ハマグリのような貝が使われることが多いです。
ちなみにあさりは"Manila Clam(マニラクラム)"という名前で、大西洋には生息していないので使われません。

# New England Clam Chowder ニューイングランドクラムチャウダー

**INGREDIENTS** 材料（2人分）

| | |
|---|---|
| □ あさり水煮缶 ----------------------------- 1/2缶 | □ 生クリーム ----------------------------- 50ml |
| □ ベーコン（スライス）------------------------ 25g | □ バター ----------------------------------- 5g |
| □ 玉ねぎ ------------------------------------ 1/4個 | □ 薄力粉 ------------------------------------ 25g |
| □ セロリ ------------------------------------ 1/4本 | □ 塩・黒胡椒 ------------------------------ 各適量 |
| □ じゃがいも --------------------------------- 1個 | □ オールドベイシーズニング -------------------- 適宜 |
| □ タイム ------------------------------------- 1本 | □ イタリアンパセリ（みじん切りにしたもの）-------- 適量 |
| □ ローリエ ----------------------------------- 1枚 | □ オイスタークラッカー ----------------------- 適量 |
| □ 牛乳 ---------------------------------- 250ml | |

**PROCEDURES** 作り方

1. 玉ねぎ、セロリ、じゃがいもは1〜1.5cm角に切る。ベーコンは1cm幅に切る。あさりは身と煮汁を分け、身は粗く刻み、汁は取り置く。

2. 鍋にバターを中火で熱し、玉ねぎ、セロリ、じゃがいも、ベーコンを炒める。玉ねぎを透き通るまで炒めたら薄力粉を一度に加え、1分ほど炒め合わせる。

3. あさりの煮汁、水125ml（分量外）を加え、木ベラでよく混ぜる。

4. タイム、ローリエ、牛乳、生クリームを加えて沸騰させる。好みの濃度になるまでたまに混ぜながら煮て、塩と黒胡椒で味を調え、好みでオールドベイシーズニング少々を加える。

5. 器によそってイタリアンパセリを散らし、オイスタークラッカーをのせる。


# Oyster Crackers オイスタークラッカー

**INGREDIENTS** 材料（作りやすい分量）

| | |
|---|---|
| □ 強力粉 ------------------------------------ 30g | □ ベーキングパウダー --------------------- 小さじ1/2 |
| □ 薄力粉 ------------------------------------ 30g | □ バター ---- 15g（1cmの角切りにし、冷蔵庫で冷やす） |
| □ 砂糖 ------------------------------------ 小さじ1/4 | □ 冷水 ----------------------------------- 20ml |
| □ 塩 -------------------------------------- 小さじ1/4 | |

**PROCEDURES** 作り方

1. 冷水以外のすべての材料をフードプロセッサーに入れ、バターがあずき大になるまで攪拌する。冷水を加え、さらに生地がまとまるまで攪拌する。

2. 生地を打ち粉（分量外）をふった台に出し、生地がまとまるように軽く捏ねる。水分が足りなければ水を適宜足す。

3. 生地を丸め、ラップで包んで冷蔵庫で30分ほど置く。オーブンを180℃に予熱する。

4. 打ち粉（分量外）をふった台に生地をのせ、麺棒で2〜3mm厚さにのばす。直径1.5cm程度になるように好きな形に型で抜くか、切り分け、隣同士くっつかないようにオーブンシートを敷いた天板にのせる。

5. 温めたオーブンに入れ、キツネ色になるまで15〜20分焼く。

**MEMO** ・好みで黒胡椒、ドライハーブなどを加えても。
・チーズ、オリーブ、生ハムの刻んだものなどを入れれば、グリッシーニも作れます。

# Manhattan Clam Chowder

マンハッタンクラムチャウダー

マンハッタンクラムチャウダーは伝統的なクラムチャウダーと違い、
トマトベースで乳製品は入っていません。
NYCより北にある、ロードアイランド州に移り住んだポルトガルの漁師たちが
トマトを使って作り、NYで人気になったスープだそうです。
ちなみに"Long Island Clam Chowder(ロングアイランドクラムチャウダー)"という
ニューイングランドとマンハッタンを半分ずつ混ぜたピンク色のスープもあるようです。

**INGREDIENTS** 材料(2人分)

- □ あさり水煮缶 ----------------------------------------- 1缶
- □ 玉ねぎ ------------------------------------------- 1/4個
- □ セロリ ------------------------------------------- 1/4本
- □ じゃがいも ---------------------------------------- 小1個
- □ にんにく ------------------------------------------ 1かけ
- □ タイム -------------------------------------------- 2本
- □ ローリエ ------------------------------------------ 1枚
- □ トマト缶(ダイス) ---------------------------------- 200g
- □ オリーブオイル -------------------------------------- 小さじ1
- □ 塩・黒胡椒 ----------------------------------------- 各適量
- □ イタリアンパセリ(みじん切りにしたもの) --------------------- 適量

**PROCEDURES** 作り方

1. 玉ねぎ、セロリ、じゃがいもは1〜1.5cm角に切る。にんにくはみじん切りする。あさ
   りは身と煮汁を分け、身は粗く刻み、汁は取り置く。

2. 鍋にオリーブオイルを中火で熱し、玉ねぎ、セロリ、にんにくを炒める。

3. 玉ねぎを透き通るまで炒めたらあさりの身と煮汁、トマト缶、水300ml(分量外)を
   加える。タイム、ローリエ、じゃがいも、塩小さじ1/2を加えて沸騰したら弱火で15分
   煮る。

4. 塩と黒胡椒で味を調える。器によそい、イタリアンパセリを散らす。

Soup

# Sweet Potato & Butternut Squash Soup

スイートポテト & バターナッツかぼちゃのスープ

バターナッツかぼちゃといえばスープ。ほんのり甘いバターナッツかぼちゃに、
同じく甘いさつまいもとメープルシロップは抜群に合います。
シナモンとカイエンペッパーで身体がポカポカ温まる、秋冬のスープを紹介します。
シンプルなスープに、メープルクルトンがアクセントになります。

## INGREDIENTS 材料(2人分)

- □ バターナッツかぼちゃ ------------------------------------------------ 100g
- □ さつまいも ------------------------------------------------------------- 100g
- □ 玉ねぎ ---------------------------------------------------------------- 1/4 個
- □ にんにく ------------------------------------------------------------ 1/2 かけ
- □ シナモンパウダー ------------------------------------------------ 小さじ1/4
- □ ナツメグパウダー ---------------------------------------------------- 少々
- □ カイエンペッパー -------------------------------------------------- ひとふり
- □ メープルシロップ ---------------------------------------------- 大さじ1〜2
- □ オリーブオイル ----------------------------------------------------- 小さじ1
- □ 塩・黒胡椒 ------------------------------------------------------- 各適量
〈メープルクルトン〉
- □ 食パン(8枚切れ) --------------------------------------------------- 1枚
- □ メープルシロップ ---------------------------------------------- 小さじ1と1/2
- □ オリーブオイル ----------------------------------------------------- 大さじ1
- □ 塩・黒胡椒 ------------------------------------------------------- 各適量

## PROCEDURES 作り方

1. バターナッツかぼちゃとさつまいもは皮をむき、小さめのひと口大に切る。玉ねぎは粗みじん切りにし、にんにくはみじん切りにする。

2. 鍋にオリーブオイルを中火で熱し、玉ねぎとにんにくを少しキツネ色になるまで炒める。スパイス類を加え、さらに1分炒める。

3. バターナッツかぼちゃ、さつまいも、塩小さじ1/2、水500ml(分量外)を加える。沸騰したら蓋をして弱火で野菜がやわらかくなるまで15分ほど加熱する。

4. ミキサーまたはブレンダーで滑らかになるまで撹拌し、塩、黒胡椒、メープルシロップで味を調える。

5. メープルクルトンを作る。食パンは1cm角に切る。フライパンにオリーブオイルを中火で熱し、食パンをキツネ色になるまで混ぜながら炒める。メープルシロップ、塩、黒胡椒を加えて混ぜ、火を止める。オーブンシートの上に重ならないように広げて冷ます。

6. 器にスープをよそい、メープルクルトンをのせてオリーブオイル(分量外)を回しかけて黒胡椒をふる。

# Chicken Pot Pie

チキンポットパイ

クリーミーなチキンシチューの入ったパイ。
残ったローストチキン（P.049参照）で作る家庭も多いです。
パイ生地でシチューを包んでもよし、被せるだけもよし。
冷凍食品としても種類が充実しています。

**INGREDIENTS**　材料（直径20cmのスキレット（容量800ml）・1個分）

- オールバターパイクラスト（P.173参照。または市販品） ------------ 150g
- 鶏肉（好きな部位） -------------------------------------- 150g
- 玉ねぎ ------------------------------------------------ 1/2個
- セロリ ------------------------------------------------ 1/2本
- にんにく ----------------------------------------------- 1かけ
- タイム ------------------------------------------------- 1本
- ミックスベジタブル --------------------------------------- 50g
- 薄力粉 ------------------------------------------------- 20g
- バター ------------------------------------------------- 10g
- チキンストック（P.233参照） ------------------------------ 150ml
- 牛乳 -------------------------------------------------- 100ml
- 塩・黒胡椒 --------------------------------------------- 各適量
- 卵液 -------------------------------------------------- 適量

**PROCEDURES**　作り方

1. オールバターパイクラストは常温で解凍を始める。オーブンを210℃に予熱する。

2. 鶏肉は2cm角に切る。玉ねぎとセロリは粗みじん切りにする。にんにくはみじん切りにする。

3. 鍋にバターを中火で熱し、玉ねぎ、セロリ、にんにく、鶏肉を炒める。

4. 鶏肉に火が通ったら薄力粉を一度に加え、木ベラでよく混ぜる。粉気がなくなったらチキンストックと牛乳を加えてよく混ぜる。

5. タイム、ミックスベジタブルを加えて10分煮て、塩と黒胡椒で味を調える。

6. クラスト生地をポットパイに使う容器よりも1cmほど大きく麺棒でのばす。

7. でき上がったシチューをスキレットまたはグラタン皿に入れ、上から6で蓋をする A 。ナイフの先で中心に穴を6か所ほどあけて全体に卵液を塗り B 、塩と黒胡椒をふり、温めたオーブンでキツネ色になるまで20分焼く。

**MEMO**
・ローストチキン（P.049参照）の残りでも作れます。
・チキンストックは市販品を使っても。
・耐熱性のある器で2つに分けて使ってもよいでしょう。

Soup

# Chili con Carne

チリコンカン

シンプルに"Chili(チリ)"と呼ばれる、ビールのおともの定番料理。
スポーツバーにもおつまみとして必ず置いてあります。
そのまま食べても、コーンチップスにかけてチリナチョスにしたり、
ホットドッグにのせてチリドッグにしても。
ビールを入れて煮込んでも美味しいです。

**INGREDIENTS** 材料(作りやすい分量)

- □ 牛挽き肉(赤身) ----------------------------------------- 300g
- □ 玉ねぎ ------------------------------------------------- 1/2個
- □ にんにく ------------------------------------------------ 2かけ
- □ チリパウダー -------------------------------------------- 大さじ1
- □ パプリカパウダー ---------------------------------------- 小さじ2
- □ クミンパウダー ------------------------------------------ 小さじ1/2
- □ トマト缶(ホール) --------------------------------------- 1缶
- □ レッドキドニービーンズ(またはミックスビーンズ) --------------------- 100g
- □ トマトペースト ------------------------------------------- 大さじ1
- □ はちみつ ------------------------------------------------ 小さじ2
- □ 植物油 ------------------------------------------------- 小さじ2
- □ 塩 ---------------------------------------------------- 小さじ1
- □ 黒胡椒 ------------------------------------------------- 適量

〈トッピング〉

- □ チェダーチーズ(シュレッド) ------------------------------- 適量
- □ サワークリーム ------------------------------------------ 適量
- □ パクチー(粗みじん切りにしたもの) -------------------------- 適量

- □ コーンチップス ------------------------------------------ 適量

**PROCEDURES** 作り方

1. 玉ねぎとにんにくはみじん切りにする。

2. 鍋に油を中火で熱し、挽き肉、玉ねぎ、にんにくを炒める。

3. 挽き肉に火が通ったらチリパウダー、パプリカパウダー、クミンパウダーを加えてさらに
   炒める。

4. 香りが立ってきたらトマト缶のトマトを握り潰しながら加え、水気をきったレッドキ
   ドニービーンズ、トマトペースト、はちみつ、塩、黒胡椒を加えて味を調え、蓋をして弱
   火で15分煮る。ときどき焦げないように混ぜる。

5. 器によそってトッピングをのせ、コーンチップスを添える。

# Salad

サラダ

クラシックなアメリカンサラダといえば、
食材をマヨネーズやサワークリームで和えたもので、
お世辞にもヘルシーとはいえないものばかりですが、
近頃は健康志向の人も多く、マヨネーズの代わりに
ギリシャヨーグルト(本書ではひと晩水気をきったプレーンヨーグルトで代用しています)を使う人も多くなりました。
ディップやドレッシングも同じで、フムスなどのヘルシーなものが大人気です。
お昼ごはんにはチキンやサーモンなどのタンパク質をのせた、
ボリューム感のあるサラダが好まれます。

# Cranberry Chicken Salad

チキンとクランベリーのサラダ

マッツァボールスープ（P.098参照）、
またはローストチキン（P.049参照）の残りで作ります。
マヨネーズで和えたクラシックなサラダですが、
アメリカのデリやスーパーマーケットでも売られている人気メニュー。
マスタードを効かせたり、カレー風味などフレーバーも豊富です。
メイン料理の付け合わせはもちろん、
クロワッサンに挟んだチキンサラダサンドイッチもおすすめ。

**INGREDIENTS** 材料（2人分）

- ☐ 茹で鶏（P.098参照） ----------------------------------- 300g
- ☐ セロリ（粗みじん切りにしたもの） ------------------------------ 1/2本
- ☐ パセリ（みじん切りにしたもの） -------------------------------- 小さじ1
- ☐ ドライクランベリー（またはレッドシードレスグレープ） ------------------ 50g
- ☐ アメリカンマヨネーズ -------------------------------------- 50g
- ☐ レモン果汁 ------------------------------------------- 1/2個
- ☐ 塩・黒胡椒 ------------------------------------------- 各適量

**PROCEDURES** 作り方

1. セロリは粗みじん切りにし、パセリはみじん切りにする。茹で鶏は食べやすい大きさに切る。

2. ボウルにすべての材料を入れ、よく混ぜる。味見をして塩が足りなかったら適宜加え、冷蔵庫でよく冷やす。

**MEMO**
・茹で鶏はローストチキン（P.049参照）の残ったものでも。またはシンプルに茹でた鶏むね肉でも代用できます。

# Caesar Salad

シーザーサラダ

万人に愛されるシンプルなサラダ。
これを食べられない人はあまりいないので、
食の冒険をしない人に対して
"Caesar salad person（シーザーサラダパーソン）"という言葉もあるほど。
実はあまり知られていませんが、メキシコ発祥のサラダです。

**INGREDIENTS** 材料（2人分）

- □ ローストチキン（P.049参照） ------------------------------ 適量
- □ ロメインレタス ---------------------------------------- 1個
- □ パルミジャーノ・レッジャーノ ------------------------------ 適量
- □ 黒胡椒 ---------------------------------------------- 少々

〈クルトン〉
- □ バゲット -------------------------------------------- 1/4本
- □ オリーブオイル --------------------------------------- 大さじ1
- □ ガーリックパウダー ------------------------------------ 小さじ1/2
- □ パルミジャーノ・レッジャーノ（削ったもの。または粉チーズ） ----------- 大さじ1

〈シーザードレッシング〉
- □ アメリカンマヨネーズ ----------------------------------- 50g
- □ パルミジャーノ・レッジャーノ（削ったもの。または粉チーズ） ------------ 20g
- □ にんにく（すりおろしたもの） -------------------------------- 1/2かけ
- □ アンチョビフィレ（細かく刻んだもの） ------------------------- 1枚
- □ レモン果汁 ------------------------------------------ 大さじ1
- □ ディジョンマスタード ----------------------------------- 小さじ1
- □ リー & ペリン ウスターソース（またはウスターソース） -------------- 小さじ1
- □ 塩・黒胡椒 ------------------------------------------- 各適量

**PROCEDURES** 作り方

1. クルトンを作る。オーブンを180℃に予熱する。バゲットは小さめのひと口大に切る。ボウルにすべての材料を入れて混ぜる。オーブンシートを敷いた天板に重ならないよう広げ、温めたオーブンで10分焼く。10分経ったらオーブンから取り出して木ベラで上下を入れ替えるように混ぜ、さらにカリッとするまで5〜10分焼いて冷ます。

2. シーザードレッシングを作る。大きめのボウルにすべての材料を入れ、泡立て器でよく混ぜる。

3. ロメインレタスを食べやすい大きさに切ってよく洗う。水気をしっかりきり、**2** のボウルに加えてよく混ぜ合わせる。

4. 皿に **3** を食べやすい大きさに切ったローストチキンとともに盛る。クルトンをのせ、削ったパルミジャーノ・レッジャーノと黒胡椒をたっぷりふる。

# Greek Salad

グリークサラダ

名前の通りギリシャ発祥ですが、アメリカでも人気のサラダです。
今回はレタスなしですが、レタスの上にのせても食べることも。
アメリカではピザと一緒にオーダーすることが多く、
必ずギリシャの黒くて大粒のカラマタ種の黒オリーブが使われます。

**INGREDIENTS**  材料(2人分)

- ☐ きゅうり ……………………………………………………… 1本
- ☐ 紫玉ねぎ ……………………………………………………… 1/4個
- ☐ ミニトマト …………………………………………………… 5個
- ☐ ピーマン ……………………………………………………… 1個
- ☐ フェタチーズ ………………………………………………… 30g
- ☐ 黒オリーブ(できればカラマタ種) ………………………… 10個
- ☐ レモン果汁 …………………………………………………… 大さじ2
- ☐ オリーブオイル ……………………………………………… 大さじ2
- ☐ オレガノ(ドライ) …………………………………………… 小さじ1/2
- ☐ 塩 ……………………………………………………………… 小さじ1/4
- ☐ 黒胡椒 ………………………………………………………… 適量

**PROCEDURES**  作り方

1. きゅうりは1cm幅の半月切りにし、紫玉ねぎは薄い輪切りにして4等分に切る。ミニトマトは半分に切り、ピーマンは薄い輪切りにする。フェタチーズは1cmの角切りにする。
2. 大きめのボウルにレモン果汁、オリーブオイル、オレガノ、塩、黒胡椒を入れ、泡立て器でよく混ぜて乳化させる。味見をして塩が足りなかったら適宜加える。
3. 1と黒オリーブを加えて混ぜ合わせる。

# Cobb Salad

コブサラダ

ロサンゼルスの"Brown Derby(ブラウンダービー)"という
レストランのオーナー、Robert Cobb(ロバート コブ)氏の苗字が由来です。
具だくさんで、その下にもレタスがたっぷり敷いてあります。
サラダランチにも人気のメニューですが、
ディナーでは取り分けながらシェアします。
そんなときはみんなに人気の具材、
アボカドやベーコンがすぐになくなってしまいます。

**INGREDIENTS** 材料(2人分)

- □ ローストチキン(P.049参照。または市販のサラダチキンでも) ……… 100g
- □ 茹で卵 ……… 2個
- □ ベーコン(スライス) ……… 4枚
- □ ブルーチーズ ……… 50g
- □ レタス ……… 1/2個
- □ アボカド ……… 1個
- □ ミニトマト ……… 10個
- □ 紫玉ねぎ ……… 1/4個

〈ランチドレッシング〉

- □ アメリカンマヨネーズ ……… 80g
- □ サワークリーム(またはひと晩水気をきったプレーンヨーグルト) ……… 40g
- □ 牛乳 ……… 50ml
- □ ディル(みじん切りにしたもの) ……… 1本
- □ パセリ(みじん切りにしたもの) ……… 1本
- □ ガーリックパウダー ……… 小さじ1/4
- □ オニオンパウダー ……… 小さじ1/4
- □ 塩 ……… 小さじ1/4
- □ 黒胡椒 ……… 少々

**PROCEDURES** 作り方

1. レタスは1cm幅に切る。アボカドは種と皮を取り、2cm角に切る。ミニトマトは4等分に切る。紫玉ねぎは薄切りにする。

2. ローストチキンは2cm角に切る。茹で卵は殻をむき、8等分に切る。ベーコンは1cm幅に切り、フライパンでカリカリに焼く。ブルーチーズは食べやすい大きさに砕く。

3. 大きめの皿にレタスを広げ、その上にアボカド、ベーコン、茹で卵、ミニトマト、ブルーチーズ、ローストチキン、紫玉ねぎをストライプになるように盛る。

4. ランチドレッシングを作る。ボウルにドレッシングの材料をすべて入れて混ぜ、サラダにかける。

# Grilled Salmon Salad

グリルドサーモンサラダ

カジュアルなランチには、グリルした肉や魚をのせたサラダが人気です。
追加料金を払うと、好みの肉や魚をトッピングできます。
人気はサーモンや鶏胸肉のグリル。
少し脂の乗ったサーモンとさっぱりしたビネグレットドレッシングは相性抜群。

## INGREDIENTS 材料（2人分）

〈グリルドサーモン〉
- □ サーモンフィレ ･･･････････････････････････････ 2枚
- □ パプリカパウダー ･･･････････････････････････ 小さじ1/2
- □ 塩 ･･･････････････････････････････････････ 小さじ1/4
- □ 黒胡椒 ･･･････････････････････････････････ 適量
- □ オリーブオイル ･･･････････････････････････ 小さじ1

〈ビネグレットドレッシング〉
- □ バルサミコ酢（または白ワインビネガー） ･･･････ 大さじ1
- □ オリーブオイル ･･･････････････････････････ 大さじ2
- □ おろしにんにく ･･･････････････････････････ 小さじ1/4
- □ ディジョンマスタード ･･･････････････････････ 小さじ2
- □ はちみつ ･･･････････････････････････････ 小さじ1
- □ 塩・黒胡椒 ･･･････････････････････････････ 各適量

- □ 好みの葉野菜 ･･･････････････････････････ 適量
- □ ミニトマト ･･･････････････････････････････ 適量
- □ きゅうり ･･･････････････････････････････ 適量
- □ フェタチーズ ･･･････････････････････････ 適量
- □ イタリアンパセリ ･･･････････････････････ 適量

## PROCEDURES 作り方

1. グリルドサーモンを作る。サーモンはパプリカパウダー、塩、黒胡椒をまぶす A 。フライパンにオリーブオイルを中火で熱し、サーモンに火が通るまで両面を焼く。

2. 葉野菜は食べやすい大きさに切り、ミニトマトは6等分に切る。きゅうりは縦半分に切って種をスプーンで取り、5mm幅の半月形に切る。フェタチーズは1cm角に切る。

3. 大きめのボウルにビネグレットドレッシングの材料をすべて入れ、泡立て器でよく混ぜて乳化させる。

4. 3のボウルに切った野菜とフェタチーズを加えてよく混ぜ、皿に盛る。グリルドサーモンをのせ、みじん切りにしたイタリアンパセリをふる。

A

# Kale Salad

ケールのサラダ

スーパーフードとして大人気のケールですが、
そのまま生で食べるととてもかたくてあごが疲れてしまいます。
そのためケールは細切りにするか、
ドレッシングと和えながら手でよく揉んで、やわらかくさせて食べやすくします。
少し苦みのあるケールは、りんごやクランベリーなどの
フルーツと合わせると美味しく食べられます。

## INGREDIENTS 材料(2人分)

- ケール ……………………………………………………… 1束
- りんご ……………………………………………………… 1/4個
- レモン ……………………………………………………… 1/2個
- オリーブオイル …………………………………………… 大さじ1
- 塩・黒胡椒 ………………………………………………… 各適量
- 好みのナッツ(ピーカン、くるみなど) ………………… ひとつかみ
- ドライクランベリー ……………………………………… ひとつかみ

## PROCEDURES 作り方

1. ケールは茎から葉を取って洗い、1cm幅に切る。りんごは洗い、皮付きのまま1cm角に切る。
2. 大きめのボウルにレモンを搾り入れ、オリーブオイル、塩、黒胡椒を加えてよく混ぜる。味見をして塩が足りなかったら適宜加える。
3. 2のボウルにケールを加えて1/4量程度になるまでよくもみ込む A 。
4. 皿にケールを盛り、りんご、ナッツ、ドライクランベリーを散らす。

**MEMO**
・ケールはよくもみ込むことでしんなりして味も染み、消化もよくなります。
・ちぎったケールにオリーブオイル、塩、黒胡椒をまぶして180℃のオーブンで10分焼けば、ケールチップスに。

# Waldorf Salad

ウォルドーフサラダ

19世紀後半にマンハッタンの五番街にあるホテル、
"Waldorf Astoria Hotel（ウォルドーフアストリアホテル）"で生まれたNY発祥のサラダです。
クラシックなサラダで、デリでも1年を通して食べられますが、
りんごが採れるNYでは、秋になるといちばんよく食べられるサラダです。

**INGREDIENTS**　材料（2人分）

- □ りんご ……………………………………………………… 1/2個
- □ レッドシードレスグレープ ………………………………… 10粒
- □ セロリ ……………………………………………………… 1/2本
- □ くるみ（ローストしたもの）………………………………… 15g
- □ サラダ菜 …………………………………………………… 適量
- □ アメリカンマヨネーズ ……………………………………… 大さじ3
- □ レモン果汁 ………………………………………………… 大さじ2/3
- □ 塩・黒胡椒 ………………………………………………… 各適量

**PROCEDURES**　作り方

1. りんごは洗い、皮付きのまま1cm角に切る。レッドシードレスグレープは半分に切る。セロリは5mm幅に切る。
2. ボウルにサラダ菜以外の材料をすべて入れて混ぜ合わせる。味見をして塩が足りなかったら適宜加える。
3. 皿にサラダ菜を敷き、2を盛って黒胡椒をふる。

Salad

# Cucumber & Fennel Salad

きゅうり & フェンネルのサラダ

フェンネルは女性によい野菜、ハーブ、スパイスとして知られており、
株、茎、葉、種、花すべて食べることができます。
爽やかなフェンネルときゅうりのサラダは、
魚介料理の付け合わせにぴったりです。
お好みできゅうりをオレンジに替えても美味しいです。

**INGREDIENTS** 材料（2人分）

- □ フェンネル（株） ------------------------------------------ 1/2 個
- □ きゅうり ------------------------------------------------ 1本
- □ サワークリーム（またはひと晩水気をきったプレーンヨーグルト） ---------- 75g
- □ 白ワインビネガー ----------------------------------------- 大さじ1/2
- □ 砂糖 --------------------------------------------------- 小さじ1/4
- □ 塩 ----------------------------------------------------- 小さじ1/4
- □ 黒胡椒 ------------------------------------------------- 小さじ1/8
- □ ディル -------------------------------------------------- 適量
- □ スライスレモン ------------------------------------------- 3枚

**PROCEDURES** 作り方

1. フェンネルは繊維を断つように薄切りにする。きゅうりは1cm幅の半月切りにする。

2. ボウルにサワークリーム、白ワインビネガー、砂糖、塩、黒胡椒、みじん切りにしたディルを入れてよく混ぜる。フェンネルときゅうりを加えて混ぜ合わせる。味見をして塩が足りなかったら適宜加える。

3. 皿に盛り、スライスレモンをのせる。

Dips & Hummus (Recipe » P.130 · 131)

Dips & Hummus Open Sandwich (Recipe » P.131)

# Dips & Hummus

ディップ & フムス

チップス、クラッカー、野菜スティック、サンドイッチに塗るなど、
万能のディップ＆フムス。
サワークリームベース、フムスのような
ひよこ豆ベースのヘルシーなものまで、種類が豊富です。
最近はフムスが大人気なので、
スーパーでもいろいろな種類のものが販売されています。
アメリカではパーティーで人が集まるときに
数種類のディップを用意しておきます。

*Dips & Hummus —— ①*
## Caramel Onion Dip キャラメルオニオンディップ

**INGREDIENTS** 材料（作りやすい分量）
- 玉ねぎ ―――――――――――――― 1個
- にんにく ―――――――――――――― 1かけ
- タイム ―――――――――――――― 1本
- サワークリーム（またはひと晩水気をきった
  プレーンヨーグルト）―――――――― 150g
- バター ―――――――――――――― 10g
- 砂糖 ―――――――――――――― 小さじ1/2
- 塩・黒胡椒 ―――――――――――― 各適量

**PROCEDURES** 作り方
1. 玉ねぎは薄切りにする。タイムは葉を摘み、にんにくとともにみじん切りにする。
2. フライパンにバターを中火で熱し、玉ねぎをあめ色になるまで炒める。
3. 玉ねぎがあめ色になったらにんにく、タイム、砂糖を加えて1〜2分炒めて火を止め、そのまま冷ます。
4. 3が完全に冷めたらサワークリームを混ぜ、塩と黒胡椒で味を調える。

*Dips & Hummus —— ②*
## Green Goddess Dip グリーンゴッデスディップ

**INGREDIENTS** 材料（作りやすい分量）
- アボカド ―――――――――――――― 1/2個
- にんにく ―――――――――――――― 1かけ
- 好みのハーブ
  （ディル、パセリ、バジル、ミントなど）―― 15g
- サワークリーム（またはひと晩水気をきった
  プレーンヨーグルト）―――――――― 100g
- 塩・黒胡椒 ―――――――――――― 各適量

**PROCEDURES** 作り方
1. アボカドは種と皮を取る。
2. 1と残りの材料を合わせてフードプロセッサーに入れ、滑らかになるまで撹拌する。味見をして塩が足りなかったら適宜加える。

Salad

*Dips & Hummus* —— ③

# Beetroot Hummus ビーツのフムス

**INGREDIENTS** 材料（作りやすい分量）

- ☐ ビーツ水煮 ……………………… 100g
- ☐ ひよこ豆水煮缶 ……………… 230g（正味）
- ☐ にんにく ……………………… 小1かけ
- ☐ レモン果汁 ……………………… 大さじ2
- ☐ 練りごま（白） ………………… 大さじ3
- ☐ オリーブオイル ……………… 大さじ3〜4
- ☐ クミンパウダー ………………… 小さじ1
- ☐ 塩 ……………………………… 小さじ1/2
- ☐ 黒胡椒 ………………………… 小さじ1/4
- ☐ イタリアンパセリ ……………… 適宜

**PROCEDURES** 作り方

1. ひよこ豆は水気をきり、煮汁は取り置く。
2. イタリアンパセリ以外の材料をすべてフードプロセッサーに入れ、滑らかになるまで撹拌する。少しかたいようなら煮汁を加えて調整し、味を見て、塩（分量外）で味を調える。
3. 器に盛り、好みでイタリアンパセリをのせる。

MEMO
・オリーブオイルは多めに入れたほうがやわらかく仕上がります。
・ビーツを多めに入れると、色鮮やかなフムスに。

*Dips & Hummus* —— ④

# Paprika Hummus パプリカのフムス

**INGREDIENTS** 材料（作りやすい分量）

- ☐ パプリカ（赤） ………………… 1個
- ☐ ひよこ豆水煮缶 ……………… 230g（正味）
- ☐ にんにく ……………………… 小1かけ
- ☐ レモン果汁 ……………………… 大さじ2
- ☐ 練りごま（白） ………………… 大さじ3
- ☐ オリーブオイル ……………… 大さじ3〜4
- ☐ クミンパウダー ………………… 小さじ1
- ☐ 塩 ……………………………… 小さじ1/2
- ☐ 黒胡椒 ………………………… 小さじ1/4
- ☐ エブリシングシーズニング（P.144参照） --- 適量

**PROCEDURES** 作り方

1. パプリカは真っ黒になるまで直火で丸ごと焼く A 。全体が真っ黒になったら流水で洗いながら皮をむき、ヘタと種を取る。

2. ひよこ豆は水気をきり、煮汁は取り置く。
3. エブリシングシーズニング以外の材料をすべてフードプロセッサーに入れ、滑らかになるまで撹拌する。少しかたいようなら煮汁を加えて調整し、味を見て、塩（分量外）で味を調える。
4. 器に盛り、エブリシングシーズニングをふる。

# Dips & Hummus Open Sandwich

ディップ ＆ フムスのオープンサンドイッチ

**INGREDIENTS** 材料（1人分）

- ☐ カンパーニュ（スライス） …………… 1枚
- ☐ ビーツのフムス ……………………… 適量
- ☐ グリーンゴッデスディップ …………… 適量
- ☐ 茹で卵 ……………………………… 1個
- ☐ エブリシングシーズニング（P.144参照） --- 適量
- ☐ イタリアンパセリ …………………… 適量

**PROCEDURES** 作り方

1. カンパーニュにビーツのフムスとグリーンゴッデスディップを塗り A 、輪切りにした茹で卵をのせる。
2. エブリシングシーズニングをたっぷりふり、みじん切りにしたイタリアンパセリを散らす。

# Bread

ブレッド

私が住んでいたブルックリンのウィリアムズバーグには、
ポーランド系移民が多く住んでいて
ベーカリーが家の真裏にあり、
毎朝とてもいい香りが近所中にしていました。
ちなみにベーグル専門店はニューヨーカーの朝食を支えているので、
朝早くからオープンします。

Challah (Recipe » P.136)

Bread

# Challah

ハッラー

A E
B F
C G
D H

ユダヤ教の安息日(土曜日。仕事を休み、宗教的儀式を行う日)や祝日に食べられ、
教徒が多いNYCでは手軽に買えるパンです。
バターを使わず植物油で作りますが、
卵がたっぷり入っているのでリッチな味わいです。
ほんのり甘いハッラーをフレンチトースト(P.024参照)にしても美味しいです。

## INGREDIENTS　材料(長さ30cm・1本分)

- □ ドライイースト(赤) ------------------------------------------------ 小さじ2
- □ 砂糖A ------------------------------------------------------- 小さじ1/2
- □ ぬるま湯(38〜42℃) ---------------------------------------------- 170ml
- □ 強力粉 --------------------------------------------------------- 300g
- □ 薄力粉 --------------------------------------------------------- 300g
- □ 卵 ------------------------------------------------------------- 2個
- □ 卵黄 ----------------------------------------------------------- 1個
- □ 植物油(またはバター) -------------------------------------------- 60g
- □ はちみつ --------------------------------------------------------- 45g
- □ 砂糖B ---------------------------------------------------------- 大さじ2
- □ 塩 ------------------------------------------------------------ 小さじ1/2
- □ 卵液 ----------------------------------------------------------- 適量

## PROCEDURES　作り方

1. 大きめのボウルにドライイースト、砂糖A、ぬるま湯を入れよく混ぜ、5分ほど置く。

2. 強力粉、薄力粉、卵、卵黄、油、はちみつ、砂糖B、塩を加えて混ぜ、粉類と水分が馴染んでまとまってきたら生地の表面がツルッとするまで7〜10分捏ねる。

3. 捏ねた生地を丸めてボウルに入れ、ラップを被せて冷蔵庫で2倍の大きさに膨れるまで1〜2時間置いて一次発酵させる(冷蔵庫でひと晩置いてもよい)。

4. 発酵させた生地を軽くパンチして空気を抜く。打ち粉(分量外)をふった台に出し、編み込む本数に合わせてスケッパーで等分に分ける A 。写真は4本の編み込みだが、3本、6本、8本、好みの編み込みで等分に分ける。

5. 切り分けた生地を丸め、濡れ布巾を被せて常温に10分ほど置く B 。

6. 5 の生地を40cm長さの棒状にのばす C 。のばした生地の片端を合わせ D 、編み込む E 。編み込んだ生地の両端を生地の下に入れ込む F 。

7. オーブンシートを敷いた天板に 6 をのせる。ハケで卵液を塗り G 、ラップを被せて30分常温に置いて二次発酵させる H 。焼くタイミングに合わせ、オーブンを180℃に予熱する。

8. 卵液をもう一度塗り、温めたオーブンに入れて30〜35分焼く。

MEMO
・白ごま、ブルーポピーシードなどをトッピングしても。
・サイズが大きいので、すべて半量で作ってもよいでしょう。その際は焼き時間を20〜25分にしてください。
・卵液をたっぷり塗ることで、香ばしい茶色の焼き色がつきます。

Knish (Recipe » P.140)

# Knish

クニッシュ

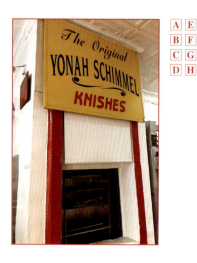

とても大きな巻き寿司のようにたくさんの具材を薄い生地で巻いた、デリでも手軽に買うことができるユダヤ人のおやつ。具材はポテトやそばの実、チーズなどが一般的です。切り口を閉じておへそのように凹ませている店や、切りっぱなしの店もあり、さまざまです。マスタードをたっぷりつけて食べるのが定番です。

**INGREDIENTS** 材料（4個分）

〈生地〉
- 強力粉 ──────────── 75g
- 薄力粉 ──────────── 75g
- ベーキングパウダー（赤） ──── 小さじ1/2
- 塩 ───────────── 小さじ1/4
- 溶き卵 ──────────── 30g
- 植物油 ──────────── 45g
- 酢 ────────────── 小さじ1
- 水 ────────────── 50g

〈具材〉
- じゃがいも ─────────── 3〜4個
- 玉ねぎ ──────────── 1/2個
- にんにく ──────────── 1かけ
- 砂糖 ───────────── 小さじ1/2
- 塩 ────────────── 小さじ1/2
- 黒胡椒 ──────────── 小さじ1/4
- オリーブオイル ────────── 大さじ1

- イエローマスタード ──────── 適宜

**PROCEDURES** 作り方

1. 生地を作る。大きめのボウルに強力粉、薄力粉、ベーキングパウダー、塩を入れてよく混ぜる。
2. 小さめのボウルに溶き卵、油、酢、水を入れてよく混ぜる。
3. 1に2を加えて混ぜ、粉類と水分が馴染んできたら生地の表面がツルッとするまで2分ほど捏ねる。
4. 捏ねた生地を丸めてボウルに入れ、ラップを被せて常温に1時間置いて一次発酵させる（冷蔵庫でひと晩置いてもよい）。
5. 具材を作る。じゃがいもは皮をむき、半分に切る。鍋にじゃがいもと被る程度の水（分量外）を入れ、じゃがいもがやわらかくなるまで15分ほど茹でる。
6. 玉ねぎとにんにくはみじん切りにする。フライパンにオリーブオイルを中火で熱し、あめ色になるまで炒め、火を止めて粗熱を取る。
7. ボウルに茹でたじゃがいも、炒めた玉ねぎとにんにく、砂糖、塩、黒胡椒を入れ、マッシュする。焼くタイミングに合わせ、オーブンを180℃に予熱する。
8. 発酵させた生地を打ち粉（分量外）をふった台に出して麺棒で30×20cmにのばし、手前半分に具材を置く A 。太巻きのように巻き B 、巻き終わりの生地を指で摘んで閉じる C 。
9. 巻いた生地を4等分に切り D 、断面の生地を指で摘んで閉じる E F 。
10. オーブンシートを敷いた天板にのせ、真ん中を指で少し凹ませる G 。
11. ハケで卵液（分量外）をたっぷり塗り H 、温めたオーブンで35分焼く。好みでイエローマスタードをつけて食べる。

# Bialy

ビアリ

NYではベーグル店で売られているビアリ。
中心に穴がなく、代わりに炒めた玉ねぎが少しのっています。
ベーグルと同じようにそのまま食べたり、サンドイッチにしたりしますが
ビアリはでき立てのものを食べるのがいちばん美味しいと思います。

**INGREDIENTS**  材料(4個分)

〈生地〉
- □ ドライイースト(赤) ……………………………… 小さじ1/2
- □ 水 ……………………………………………… 130ml
- □ 強力粉 …………………………………………… 190g
- □ 塩 ……………………………………………… 小さじ1/2

〈具材〉
- □ 玉ねぎ …………………………………………… 50g
- □ ブルーポピーシード ……………………………… 小さじ1
- □ 塩 ……………………………………………… 小さじ1/4
- □ 黒胡椒 …………………………………………… 少々
- □ オリーブオイル ………………………………… 小さじ1

**PROCEDURES**  作り方

1. 生地を作る。大きめのボウルにドライイーストと水を入れてよく混ぜ、1分置く。

2. 強力粉と塩を加えて混ぜ、粉類と水分が馴染んできたら生地の表面がツルッとするまで5分ほど捏ねる。捏ねた生地を丸めてボウルに入れ、ラップを被せて冷蔵庫でひと晩置いて一次発酵させる。

3. 発酵させた生地を軽くパンチして空気を抜く。打ち粉(分量外)をふった台に出し、スケッパーで4等分にして切り口を摘み合わせて丸め A B、濡れ布巾を被せて15分常温に置く。

4. 具材を作る。玉ねぎはみじん切りにする。フライパンにオリーブオイルを中火で熱し、玉ねぎを少し色づくまで炒める。ブルーポピーシード、塩、黒胡椒を加えて混ぜ、火を止める。オーブンを250℃に予熱する。

5. 3 の生地を打ち粉(分量外)をふった台に出す。平たく丸くのばして中心を凹ませる C。オーブンシートを敷いた天板に置き、具材をのせる D。濡れ布巾を被せて常温に15分ほど置いて二次発酵させ、温めたオーブンで10〜12分焼く。

Bread

# Bagel

| A | E |
|---|---|
| B | F |
| C | G |
| D | H |

ベーグル

みっちり詰まった生地の食べ応え抜群のNYの朝食の代表、ベーグル。
さまざまなトッピングの中でも人気なのがエブリシング。
人気のトッピングがすべてのっています。
有名なベーグル専門店はたくさんありますが、
忙しいニューヨーカーの行きつけは最寄り駅の近くの店だったりします。
横半分に切ったベーグルにクリームチーズを挟んで食べるのが定番スタイル。

### INGREDIENTS　材料（4個分）

〈生地〉
□ 強力粉 ----------------------------------- 250g
□ ドライイースト（赤） ----------------------- 小さじ1
□ 塩 ------------------------------------- 小さじ3/4
□ 砂糖 ----------------------------------- 小さじ1
□ ぬるま湯（38〜42℃） ------------------- 150ml

〈エブリシングシーズニング（作りやすい分量）〉
□ 白ごま ----------------------------------- 大さじ1
□ 黒ごま ----------------------------------- 大さじ1
□ ケシの実 --------------------------------- 大さじ1
□ にんにく（みじん切りにしたもの） ----------- 大さじ1
□ 玉ねぎみじん切り ------------------------- 大さじ1
□ フレークソルト（マルドンなど） -------------- 小さじ2

### PROCEDURES　作り方

1. 生地を作る。ボウルにすべての材料を入れて粉類と水分が馴染んでまとまるまで混ぜる。

2. 生地がまとまってきたら打ち粉（分量外）をふった台に出し、生地の表面がツルッとするまで5分ほど捏ねる。

3. 捏ねた生地を丸めてボウルに入れ、ラップを被せて冷蔵庫で2倍の大きさに膨れるまで1〜2時間置いて一次発酵させる（冷蔵庫でひと晩置いてもよい）。

4. 発酵した生地をパンチして空気を抜く。打ち粉（分量外）をふった台に出し、スケッパーで4等分にする。それぞれの生地を手のひらでのばし A、生地の縁を摘み合わせながら丸め B、濡れ布巾を被せて10分ほど置く。

5. 生地を持ち上げて親指2本で中心に穴をあけ C、均等に大きく広げる D。オーブンシートを敷いた天板にのせ、濡れ布巾を被せて常温に30分ほど置いて二次発酵させる。

6. エブリシングシーズニングの材料を合わせ E、混ぜ合わせる。

7. 焼くタイミングに合わせ、オーブンを220℃に予熱する。大きめの鍋に1ℓの湯（分量外）を沸かし、砂糖（できればきび砂糖。分量外）大さじ1を加えて溶き混ぜる。

8. 5 の生地を湯に静かに入れ、片面1分ずつ茹でる F。

9. 天板に戻し、エブリシングシーズニングをたっぷりふる G。

10. 温めたオーブンに入れ、こんがりキツネ色になるまで20分焼く H。

MEMO ・エブリシングシーズニングがない場合は、ごまなどをふるだけでもよいでしょう。

Lox Bagel (Recipe » P.149)

# Lox Bagel

ロックスベーグル

"Lox(ロックス)"は厳密にはスモークしていない塩漬けのサーモンのこと。
塩漬けサーモンとクリームチーズを挟んだベーグルが"Lox Bagel(ロックスベーグル)"。
スモークサーモンとクリームチーズはNYでも人気の定番の組み合わせです。
サーモンがたっぷり入っていて高価なので、
毎日食べるというよりも少し特別なサンドイッチです。
このレシピは私の友人のおすすめの店、
"Hot Bialys Bagels(ホットビアリーズベーグル)"でも
人気レシピです。

# Lox Bagel
ロックスベーグル

**INGREDIENTS**  材料(4人分)

- ベーグル(P.144参照) ……………… 4個
- サンドライトマトとチャイブの
  クリームチーズ ………………………… 適量
- クイックスモーク風サーモン …………… 適量
- 紫玉ねぎ ……………………………… 適量

**PROCEDURES**  作り方

1. ベーグルは半分の厚さに切る。クイックスモーク風サーモンは薄切りにする。
2. **1**の断面にサンドライトマトとチャイブのクリームチーズをたっぷり塗り、クイックスモーク風サーモンと薄く輪切りにした紫玉ねぎを挟む。

# Sun Dried Tomato & Scallion Cream Cheese
サンドライトマトとねぎのクリームチーズ

**INGREDIENTS**  材料(作りやすい分量)

- クリームチーズ ………………………… 50g
- サンドライトマト ……………………… 1〜2個
- チャイブ(または小ねぎ) ……………… 数本
- 牛乳 …………………………………… 大さじ2/3

**PROCEDURES**  作り方

1. クリームチーズは常温に戻す。サンドライトマトは水に浸して戻し、水気を絞る。チャイブは小口切りにする。
2. ボウルにすべての材料を入れ、ゴムベラで練り混ぜる。

# Quick Smoked Salt Cured Salmon
クイックスモーク風サーモン

**INGREDIENTS**  材料(作りやすい分量)

- サーモン(またはマス。刺身用) ……… 300g
- スモークドソルト ……………………… 10g
- 塩 ……………………………………… 10g
- 砂糖 …………………………………… 10g
- 黒胡椒 ………………………………… 少々

**PROCEDURES**  作り方

1. サーモンはペーパータオルで水気をしっかりふき取る。
2. 小さめのボウルにサーモン以外の材料を入れてよく混ぜ合わせる。
3. 皿にペーパータオルを敷き、その上にサーモンを置いて**2**を全面にまぶし、ペーパータオルをのせてラップを被せる。
4. 重しとなる皿1枚をのせ、冷蔵庫で2時間〜ひと晩置く。

**MEMO**  ・サーモンは脂の少ないものがおすすめです。

*Sun Dried Tomato & Scallion Cream Cheese*

*Quick Smoked Salt Cured Salmon*

# Pretzels

プレッツェル

17世紀、オランダ移民の時代からあるプレッツェルは、
今でもNYの食文化に深く根づいています。
やわらかい生地のパン状のものから、
ロールパンやカンパーニュのような形のもの、
カリカリしたクラッカーのようなものまであります。
マスタードソースや溶けたチーズにディップして食べる、
道端のプレッツェル売りはNYのアイコン的存在です。

## INGREDIENTS 材料(3〜4個分)

- ドライイースト(赤) ...... 小さじ1
- 砂糖 ...... 4g
- ぬるま湯(38〜42℃) ...... 大さじ2
- 強力粉 ...... 180g
- 塩 ...... 3g
- バター ...... 10g
- ビール ...... 100〜115ml
- 重曹 ...... 40g
- きび砂糖(または家にある砂糖) ...... 大さじ1
- フレークソルト(マルドンなど) ...... 適量

## PROCEDURES 作り方

1. ボウルにドライイースト、砂糖、ぬるま湯を入れて2分置く。

2. 強力粉、塩、バター、ビールを加えて混ぜ、粉類と水分が馴染んできたら表面がツルッとするまで5分ほど捏ねる。

3. 捏ねた生地を丸めてボウルに入れ、ラップを被せて冷蔵庫で2倍の大きさに膨れるまで1〜2時間置いて一次発酵させる。

4. 発酵させた生地を軽くパンチして空気を抜き、打ち粉(分量外)をふった台にのせてスケッパーで3〜4等分にする。

Bread

5. 切った生地を麺棒で楕円形にのばして[A]三つ折りにし[B]、閉じ目を指で摘んで閉じる[C]。細長くのばし、濡れ布巾を被せて15分置く[D]。

6. 15分ほど経ったら生地を中心が太くなるように50cm程度の長さにのばす[E]。中央で輪っかを作って1回交差させ[F]、両端を輪の上部左右につけてプレッツェルの形にする[G]。オーブンシートを敷いた天板にのせ、濡れ布巾を被せて常温に20分置いて二次発酵させる[H]。

| A | D |
|---|---|
| B | E |
| C | F |

152

Bread

7. オーブンを230℃に予熱する。水1ℓ（分量外）にきび砂糖と重曹を加えて沸騰させ I 、6を片面15秒ずつ茹でる J 。

8. 天板に戻し、輪の上部に切り込みを1本入れ K 、フレークソルトをふり L 、温めたオーブンに入れて15〜18分焼く。

# Corn Bread

コーンブレッド

アメリカで発祥したといわれているコーンブレッド。
コロンブスが新大陸としてアメリカを発見した頃、イギリスからの移民の主食はパンでした。
当時アメリカには小麦はなく、移民して数年小麦の栽培に悩まされていました。
そんなときにネイティブアメリカンたちからとうもろこしを含む食材を分けてもらった歴史が、
感謝祭のルーツのひとつです。
そこで生まれたのがコーンブレッドといわれています。
現在ではとうもろこしの粉と小麦粉を混ぜて作られている、
ほんのり甘くてコーンの香ばしい香りの食事パン。
肉料理やスープなどによく合いますが、
ブルーベリーを入れてマフィン型で焼くと、朝食にもぴったりです。

**INGREDIENTS** 材料(直径20cmのスキレット(容量800ml)・1個分)

- [ ] コーンフラワー ------------------------------------------------- 65g
- [ ] 薄力粉 ----------------------------------------------------------- 35g
- [ ] 強力粉 ----------------------------------------------------------- 35g
- [ ] 砂糖 ------------------------------------------------------------- 30g
- [ ] ベーキングパウダー ------------------------------------------ 小さじ1
- [ ] 塩 ------------------------------------------------------------ 小さじ1/4
- [ ] 卵 ----------------------------------------------------------------- 1個
- [ ] サワークリーム(またはひと晩水気をきったプレーンヨーグルト) --------- 150g
- [ ] 溶かしバター ---------------------------------------------------- 30g
- [ ] コーンミール --------------------------------------------------- 適量

**PROCEDURES** 作り方

1. オーブンを200℃に予熱する。

2. ボウルにコーンミール以外の材料を入れて混ぜる。

3. スキレットに混ぜた生地を流し入れ、コーンミールをふる。スキレット以外の型を使う場合は、薄く油(分量外)を塗る。

4. 温めたオーブンに入れて15〜18分焼く。

MEMO
・コーンフラワーとコーンミールはとうもろこしの胚乳を挽いたもの。コーンフラワーはパウダー状のもので、コーンミールはやや粗めに挽いたものです。ちなみにいちばん粗く挽いたものがコーングリッツで、マフィンにまぶしたり、フライの衣に使われます。
・スキレットの代わりに好みの型で焼いても。

# Baked Treats

## ベイクド トリーツ

アメリカンが子どもの頃から慣れ親しんでいる、オーブンで作る焼き菓子。
親子で一緒に作る家庭も多く、学校行事では
クッキーやカップケーキ、マフィンを持ち寄ったりもします。
その中でも"Bake Sale(ベイクセール)"という行事には
皆、家で作った焼き菓子を持ち寄り、
売り上げのすべてを学校から子どもたちが決めたチャリティーに寄付するバザーがあります。
定番の焼き菓子を作ってくる家庭もあれば、
自分のルーツの国や宗教にちなんだお菓子を作ってくる家庭もあって楽しいです。

Blueberry Muffins (Recipe » P.160), Cinnamon Rolls (Recipe » P.163)

Babka (Recipe » P.164)

# Blueberry Muffins

ブルーベリーマフィン

夏のファーマーズマーケットにはカラフルなフルーツがたくさん並び、
ジャムやパイを作るにはとてもよい時期になります。
この時期にフルーツを加工したり、冷凍しておけば冬の間も困りません。
新鮮なブルーベリーでも、冷凍のものでも美味しくできるのがマフィン。
ブルーベリーのほか、サワーチェリーやルバーブなど
酸味のあるフルーツがおすすめです。

**INGREDIENTS** 材料（直径7cmのマフィン型・8個分）

- ☐ 強力粉 ……………………………………………… 75g
- ☐ 薄力粉 ……………………………………………… 75g
- ☐ ベーキングパウダー ………………………………… 小さじ1
- ☐ バター ……………………………………… 60g（常温に戻す）
- ☐ 砂糖 ………………………………………………… 75g
- ☐ 塩 ……………………………………………… ふたつまみ
- ☐ 卵 ……………………………………………………… 1個
- ☐ バニラエキストラクト ……………………………… 小さじ1/2
- ☐ 牛乳 ……………………………………………… 120ml
- ☐ ブルーベリー（冷凍）………………………………… 100g

**PROCEDURES** 作り方

1. オーブンを180℃に予熱する。
2. 小さめのボウルに強力粉、薄力粉、ベーキングパウダーを入れ、泡立て器で混ぜる。
3. 大きめのボウルにバターと砂糖を入れてハンドミキサーでふんわり白っぽくなるまでよく混ぜる。
4. 3のボウルに塩、卵、バニラエキストラクトを加えてよく混ぜ、ゴムベラに持ち替えて2の粉類の半量を加えてよく混ぜる。
5. 牛乳、残りの粉類を加えてさらによく混ぜる。
6. ブルーベリーを凍ったまま加えて混ぜる。グラシンカップを敷いた型にディッシャーまたはスプーンで縁から1cm下の高さのところまで生地を入れ、砂糖（分量外）をふる。
7. 温めたオーブンに入れて20〜25分焼く。キツネ色になり、竹串を中心に刺してみて生地がついてこなければ焼き上がり。オーブンから取り出し、ケーキクーラーにのせて粗熱を取る。

**MEMO**
・バナナマフィンも同じ生地で作れます。その際はブルーベリーの代わりに潰したバナナ（黒い斑点がある熟したもの）とシナモンパウダー小さじ1/2を入れます。
・好みでクランブル（P.182参照）をのせても美味しいです。

# Cinnamon Rolls

シナモンロール

クリームチーズたっぷりのフロスティングに、
甘いシナモンシュガーとバターがたっぷり入ったシナモンロール。
ブラックコーヒーや牛乳と一緒に食べると大満足の朝食とおやつになります。

**INGREDIENTS**　材料（21cm四方の角型・1台分）

〈生地〉
- ドライイースト（赤） ──────── 小さじ1
- ぬるま湯（38〜42℃） ──────── 60ml
- 牛乳 ────────────── 60ml
- 砂糖 ────────────── 25g
- 塩 ─────────────── 小さじ1/2
- 溶き卵 ───────────── 30g
- 強力粉 ───────────── 125g
- 薄力粉 ───────────── 150g
- バター ─────── 35g（常温に戻す）

〈フィリング〉
- 溶かしバター ──────────── 40g
- シナモンパウダー ────────── 大さじ2
- 砂糖 ───────────────── 75g

〈クリームチーズフロスティング〉
- クリームチーズ ──── 100g（常温に戻す）
- 粉糖 ───────────────── 30g
- 塩 ─────────────── ひとつまみ
- 牛乳 ──────────────── 20ml

**PROCEDURES**　作り方

1. 生地を作る。大きめのボウルにドライイーストとぬるま湯を入れ、泡立て器でよく混ぜて2〜3分置く。
2. 牛乳、砂糖、塩、溶き卵を加えて泡立て器でよく混ぜる。
3. 強力粉、薄力粉、バターを加え、ゴムベラでよく混ぜる。
4. 粉類と水分が馴染んできたら生地の表面がツルッとするまで5〜8分捏ねる。
5. 捏ねた生地を丸めてボウルに入れ、濡れ布巾を被せて2倍の大きさに膨れるまで1〜2時間置いて一次発酵させる（冷蔵庫でひと晩置いてもよい）。
6. 生地が2倍程度に膨らんだら、打ち粉（分量外）をふった台に出し、軽くパンチして空気を抜く。
7. 麺棒で厚さ5mmの長方形に生地をのばす。混ぜ合わせたフィリングを全体に塗り、長い辺から太巻きのようにくるくると巻く。巻き終わりの生地を指で摘んで閉じる。
8. スケッパーで9等分にし、薄く油（分量外）を塗った型に断面を上にしてぎゅうぎゅうにならないように並べる。
9. 濡れ布巾を被せて15〜20分二次発酵させる。オーブンを180℃に予熱する。
10. ハケで卵液（分量外）をたっぷり塗り、温めたオーブンに入れてこんがりキツネ色になるまで25〜30分焼く。オーブンから取り出し、ケーキクーラーにのせて粗熱を取る。
11. クリームチーズフロスティングを作る。ボウルにフロスティングの材料を入れ、ゴムベラでよく練り混ぜる。
12. 焼き上がったシナモンロールがまだ温かいうちに**11**を全体に塗る。

Baked Treats

# Babka

バブカ

| | |
|---|---|
| A | E |
| B | F |
| C | G |
| D | H |

ポーランド系ユダヤ人の移民がNYに持ってきたといわれています。
チョコレート味とシナモン味がありますが、チョコレート味が特に人気です。
パンとケーキの中間のような食感と甘みで、焼き立てを食べると手が止まりません。
冷めてからは少しトーストして、かたくなってきたらフレンチトースト（P.024参照）を作っても。

**INGREDIENTS** 材料（9.5×19.5×高さ7.5cmのパウンド型・1台分）

〈生地〉
- [ ] ドライイースト（金） ------------------------ 小さじ1
- [ ] ぬるま湯（38〜42℃） ------------------- 65ml
- [ ] 砂糖 ------------------------------------- 25g
- [ ] 塩 ------------------------------------ 小さじ1/2
- [ ] 溶き卵 ----------------------------------- 30g
- [ ] バニラエキストラクト ------------------- 小さじ1/2
- [ ] 強力粉 ----------------------------------- 90g
- [ ] 薄力粉 ----------------------------------- 90g

- [ ] シナモンパウダー --------------------- 小さじ1/2
- [ ] バター ----------------------- 35g（常温に戻す）

〈フィリング〉
- [ ] ダークチョコレートチップ（製菓用） -- 25g（細かく刻む）
- [ ] 溶かしバター ------------------------------ 25g
- [ ] 砂糖 ------------------------------------- 40g
- [ ] ココアパウダー ----------------------------- 15g
- [ ] シナモンパウダー ------------------------ 小さじ1

**PROCEDURES** 作り方

1. 生地を作る。大きめのボウルにドライイーストとぬるま湯を入れて泡立て器でよく混ぜて2〜3分置く。

2. 砂糖、塩、溶き卵、バニラエキストラクトを加えて泡立て器でよく混ぜる。

3. 強力粉、薄力粉、シナモンパウダー、バターを加え、ゴムベラに持ち替えてよく混ぜる。

4. 粉類と水分が馴染んできたら生地の表面がツルッとするまで8〜10分捏ねる。生地がやわらかくて捏ねづらい場合は台に打ちつけるようにする。

5. 捏ねた生地を丸めてボウルに入れ、濡れ布巾を被せて2倍の大きさに膨れるまで1〜2時間置いて一次発酵させる（冷蔵庫でひと晩置いてもよい）。

6. フィリングを作る。小さめのボウルにダークチョコレートチップ、溶かしバター、砂糖、ココアパウダー、シナモンパウダーを入れて混ぜ合わせる。

7. 5の生地が2倍程度に膨らんだら、打ち粉（分量外）をふった台に出し、軽くパンチして空気を抜く。麺棒で20×30cmの長方形に生地をのばす。

8. フィリングを周囲2cmほどをあけて全体に塗り A、長い辺から太巻きのようにくるくると巻き B、巻き終わりの生地を指で摘んで閉じる C。

9. 巻いた生地を縦真ん中で切り D、2本にする。

10. 2本の片端を指で摘んでくっつけ、くるくるとねじる E。型の長さに縮め F、巻き終わりの端も指で摘んでくっつけて両端を生地の下に入れ込む。

11. オーブンシートを敷いた型に生地を入れ、ハケで卵液（分量外）をたっぷり塗る G。

12. 濡れ布巾を被せて常温に15〜20分置いて二次発酵させる。オーブンを180℃に温める。

13. 残った卵液（分量外）を再度たっぷり塗り、温めたオーブンに入れ、35分焼く H。オーブンから取り出し、型ごとケーキクーラーにのせて粗熱を取る。

**MEMO** ・好みでクランブル（P.182参照）をのせて焼いても。

# Blueberry Pie

ブルーベリーパイ

毎年7月4日の独立記念日の定番のブルーベリーパイ。
チェリーパイとともに家族や友人の集まるパーティーの食卓に並びます。
その時期が旬なのはもちろん、色もアメリカの国旗の色。
アメリカでは日本人にはとても甘過ぎるスイーツが好まれますが、パイは別。
フルーツの酸味を生かしたデザートなので甘さもほどよく、
ホイップクリームやアイスクリームを添えても美味しいです。
実はブルックリンに友人姉妹が経営する人気のパイショップ、
"THE FOUR & TWENTY BLACKBIRDS
（フォー & トゥエンティーブラックバーズ）"があります。
NY産の果物や材料を使ったその店のパイは甘さも控えめでフルーツが主役。
アメリカのスイーツでは珍しく、旬が感じられるのがパイのよいところです。
今では数店舗経営する彼女たちですが、元々は住んでいたアパートで、
友人たちから注文を受けて作ったのが始まり。
彼女たちの作るパイはどれも魅力的で美味しいのですが、
そこまでになるにはいろいろあったようで、友人たちにもたくさん助けられたそう。
あるとき日本人が抹茶のカスタードパイを食べたところ、
あまり抹茶の味がしないからと、もっと美味しい抹茶を紹介してくれたそうです。
今では、その抹茶を使って作ったパイは店の人気のフレーバーで、
同じお店で仕入れたほうじ茶のパイもとても美味しく、
びっくりしたのを覚えています。

Blueberry Pie (Recipe » P.168)

Baked Treats

# Blueberry Pie

ブルーベリーパイ

| A | E |
|---|---|
| B | F |
| C | G |
| D | H |

**INGREDIENTS**　材料(直径18cmのパイ皿・1台分)

□ オールバターパイクラスト(P.173 参照) -------- 全量
□ 卵液 ------------------------------- 適量
□ 砂糖 ------------------------------- 適量
□ ホイップクリーム -------------------- 適宜

〈フィリング〉

□ りんご ------------------------------ 1/2個
□ ブルーベリー (冷凍) ------------------- 200g
□ レモン果汁 --------------------------- 大さじ2
□ コーンスターチ ----------------------- 15g
□ シナモンパウダー -------------------- 小さじ1/2
□ クローブパウダー --------------------- 小さじ1/4
□ カルダモンパウダー ------------------- 小さじ1/4
□ 砂糖 -------------------------------- 20g
□ 塩 --------------------------------- ひとつまみ
□ アロマティックビターズ -------------- ひとふり

**PROCEDURES**　作り方

1. フィリングを作る。りんごはよく洗い、皮ごとグレーターで粗く削る。ボウルにすべての材料を入れてよく混ぜる。

2. オールバターパイクラストの半量はパイ皿よりひと回り大きく、3mm厚さに麺棒でのばす。

3. 薄く油(分量外)を塗ったパイ皿にのばした **2** をのせ A 、型の縁までしっかり敷き詰める。

4. 残りの生地は20×30cmにのばし、好きな幅に切り分ける B 。

5. **3** の型にフィリングを入れ C 、その上に切り分けたクラスト生地を編み込む D 。

6. パイ皿の縁から1cmのところで余った生地をキッチンバサミで切り落とす E 。生地の端を内側に指で摘んで折りながら閉じる F 。さらにフォークの先で一周押し、しっかり閉じる G 。

7. **6** を冷蔵庫で30分ほど冷やす。オーブンを200℃に予熱する。

8. パイを冷蔵庫から取り出し、ハケで卵液を全体に塗り、砂糖をふる H 。

9. 温めたオーブンに入れ、35〜40分焼く。オーブンから取り出してケーキクーラーにのせ、1時間以上置いてしっかり粗熱を取る。フィリングがかたまったら切り分けて皿にのせ、好みでホイップクリームを添える。

**MEMO**　・焼き立てのパイはフィリングがやわらかいので、しっかり冷めてから切り分けます。

Sour Cherry Pie (Recipe » P.172)

# Sour Cherry Pie

サワーチェリーパイ

NY州の北部には農場がたくさんあり、種類豊富なフルーツや野菜を育てています。
その中でも旬が短いのがサワーチェリー。
缶詰や冷凍のサワーチェリーも手に入りますが、
新鮮なチェリーをひとつずづ種抜きして作るサワーチェリーパイは格別の美味しさです。

**INGREDIENTS** 材料(直径18cmのパイ皿・1台分)

□ オールバターパイクラスト(P.173参照) --------- 全量
□ 卵液 ----------------------------------- 適量
□ 砂糖 ----------------------------------- 適量
□ バニラアイス ----------------------------- 適宜

〈フィリング〉
□ サワーチェリー(冷凍) -------------------- 300g
□ 卵 ------------------------------------- 1個
□ コーンスターチ --------------------------- 30g
□ 砂糖 ----------------------------------- 90g
□ 塩 ----------------------------------- ひとつまみ
□ レモン果汁 --------------------------- 大さじ1
□ クローブパウダー --------------------- 小さじ1/2
□ アロマティックビターズ --------------------- 2ふり

**PROCEDURES** 作り方

1. フィリングを作る。大きめのボウルにサワーチェリー以外の材料を入れてよく混ぜたら、サワーチェリーを加えて混ぜる。

2. オールバターパイクラストの半量はパイ皿よりひと回り大きく、3mm厚さに麺棒でのばす。

3. 薄く油(分量外)を塗ったパイ皿にのばしたクラスト生地を1枚のせ、型の縁までしっかり敷き詰める。

4. 残りの生地は直径20cmほどの円形にのばす。

5. 3 の型にフィリングを入れ、4 を被せる。

6. パイ皿の縁から1cmのところで余った生地をキッチンバサミで切り落とす。パイ生地の端を指で摘んで内側に折りながら閉じる。さらにフォークの先で一周押し、しっかり閉じる。

7. 残った生地を丸めて再度のばす。好みの大きさの星形の型で抜き、6 にのせて密着させる。

8. 7 を冷蔵庫で30分ほど冷やす。オーブンを200℃に予熱する。

9. 冷蔵庫からパイを取り出し、ハケで卵液を全体に塗り、砂糖をふる。中心に包丁の先で5〜6か所穴をあける。

10. 温めたオーブンに入れ、35〜40分焼く。オーブンから取り出してケーキクーラーにのせ、1時間以上置いてしっかり粗熱を取る。フィリングがかたまったら切り分けて皿にのせ、好みでバニラアイスを添える。

# All-Butter Pie Crust

オールバターパイクラスト

ショートニングやマーガリンを一切混ぜないバターオンリーのパイ生地。
生地を折り込まないので、バターの粒が残るように混ぜて作ります。
バターが香り、ザクザクするアメリカンパイ特有の生地は、
フルーツパイ以外にも、チキンポットパイなどの食事系パイにもよく合います。

**INGREDIENTS** 材料（作りやすい分量）

- ☐ 強力粉 ---------- 150g
- ☐ 薄力粉 ---------- 150g
- ☐ 砂糖 ---------- 15g
- ☐ 塩 ---------- 3g
- ☐ バター ------ 180g（1cm角に切り、冷蔵庫で冷やす）
- ☐ 冷水 ---------- 70ml
- ☐ 酢 ---------- 10ml

**PROCEDURES** 作り方

1. 大きめのボウルに強力粉、薄力粉、砂糖、塩を入れてよく混ぜる。
2. バターを加え A 、ペイストリーブレンダーまたはカードでバターをあずき程度の大きさになるまで切り混ぜる B 。またはフードプロセッサーで撹拌する。
3. 冷水と酢を合わせて少しずつ加え、さらに生地がまとまるまで混ぜる C 。少しだけ捏ねて生地をまとめ、2つに分ける。ラップで包んで平らにのばし D 、冷蔵庫でバターがかたまるまで1時間以上冷やす（この状態で3日間保存可能）。

# New York Cheesecake

ニューヨークチーズケーキ

ニューヨークチーズケーキはクリームチーズのほかに
生クリームやサワークリーム、もしくは両方が入っている
とても濃厚で滑らかなチーズケーキです。
シナモンの香るグラハムクラッカーを砕いてベースに使うのも特徴。
赤みの強いいちごやブルーベリーで作ったマセレーテッドフルーツやフルーツソース、
チョコレートソースと一緒と楽しみます。
クリームチーズを使った滑らかなチーズケーキはNYが発祥で、
クリームチーズが開発された19世紀後半に生まれました。

## INGREDIENTS 材料（直径17cmの丸型・1台分）

〈フィリング〉
- □ クリームチーズ ---------------- 475g（常温に戻す）
- □ サワークリーム ---------------- 60g（常温に戻す）
- □ 砂糖 ------------------------------- 115g
- □ 薄力粉 ----------------------------- 15g
- □ バニラエキストラクト --------------------- 小さじ1
- □ レモンの皮 --------------- 1個分（ゼスターで削る）
- □ 卵 ------------------------------------- 3個

〈生地〉
- □ グラハムクラッカー（または好みのクッキー） ----- 75g
- □ 溶かしバター ------------------------------- 35g
- □ 塩 ----------------------------------- ひとつまみ

〈マセレーテッドストロベリー〉
- □ いちご（生でも冷凍でも） ----------------- 200g
- □ 砂糖 ------------------------------------- 50g

## PROCEDURES 作り方

1. 型の側面と底にオーブンシートを敷く。オーブンを180℃に予熱する。

2. 生地を作る。グラハムクラッカーはフードプロセッサーで粉砕する。ボウルに移し、溶かしバターと塩を加えて軽く混ぜる。

3. 型の底に 2 を敷き詰めて上から押して表面を平らにならし、温めたオーブンに入れて10分焼く。焼けたらオーブンから取り出し、ケーキクーラーにのせて粗熱を取る。

4. フィリングを作る。大きめのボウルにクリームチーズとサワークリームを入れ、ハンドミキサーで滑らかになるまでよく混ぜる。

5. 砂糖、薄力粉、バニラエキストラクト、レモンの皮を加えてよく混ぜる。卵を1個ずつ割り入れ、その都度よく混ぜる。

6. 3 の型に流し入れ、オーブンの温度を160℃に下げて50分焼く。

7. 焼き上がったらオーブンの加熱を止め、オーブンのドアにタオルなどを挟んで1cmほど開けた状態で1時間ほどそのまま冷ます。

8. 粗熱が取れたら冷蔵庫に入れて冷ます。

9. マセレーテッドストロベリーを作る。いちごはヘタを取って食べやすい大きさに切り、砂糖とともにボウルに入れてよく混ぜる。常温に30分置き、10分ごとに混ぜる（急ぐ場合は500Wの電子レンジで1～2分加熱してもよい）。

10. 型とオーブンシートを外して皿にのせ、マセレーテッドストロベリーをかけて好みの大きさに切り分ける。

MEMO ・オーブンの余熱でゆっくり粗熱を取ることで、ひび割れしにくくなります。

# Carrot Cake

キャロットケーキ

砂糖が高かった時代に甘みのあるにんじんを使って
ケーキを焼いたのが由来といわれています。
現在では砂糖も入っていますが、
ヘルシーなスイーツというイメージがついています。
具材も好きなものを入れてよいので、
チョコレートチップやレーズン、好きなナッツを入れても。
にんじんをすべてズッキーニに替えると、
夏の焼き菓子、ズッキーニブレッドになります。

**INGREDIENTS**　材料（20×8×高さ6cmのパウンド型・1台分）

- □ にんじん　150g
- □ くるみ（ローストしたもの）　50g
- □ 強力粉　100g
- □ 薄力粉　40g
- □ ベーキングパウダー　小さじ1
- □ 塩　小さじ1/2
- □ シナモンパウダー　小さじ1
- □ 米油　150g
- □ 卵　2個
- □ 砂糖　175g
- □ バニラエキストラクト　小さじ1/2

〈クリームチーズフロスティング〉
- □ クリームチーズ　200g（常温に戻す）
- □ 砂糖　35g
- □ 塩　ひとつまみ
- □ バニラエキストラクト　小さじ1/2

**PROCEDURES**　作り方

1. 型にオーブンシートを敷く。オーブンを180℃に予熱する。にんじんはよく洗い、皮ごとグレーターで粗く削る。くるみは包丁で粗く刻む。
2. ボウルに強力粉、薄力粉、ベーキングパウダー、塩、シナモンパウダーを入れて泡立て器で混ぜる。
3. 大きめのボウルに油、卵、砂糖、バニラエキストラクトを入れ、ハンドミキサーで乳化させるようによく混ぜる。
4. 2を2〜3回に分けてふるい入れ、その都度ゴムベラでさっくり混ぜ合わせる。
5. にんじんとくるみを加えて均等になるように混ぜ、型に流し込む。
6. 温めたオーブンに入れて1時間焼く。キツネ色になり、竹串を中心に刺してみて生地がついてこなければ焼き上がり。
7. 型ごとケーキクーラーにのせて粗熱を取る。手で触れられる温度になったら型から外し、さらに冷ます。クリームチーズフロスティングの材料を混ぜ、オーブンシートを外したケーキに塗り、粗く刻んだくるみ適量（分量外）をのせる。

# Lemon Poppyseed Cake

レモンポピーシードケーキ

ブルーポピーシードとレモンの組み合わせは定番で、
パウンドケーキ以外にもパンケーキやマフィン、
クッキーなどでもこの組み合わせはポピュラーです。
ポピーシードを使ったお菓子は東ヨーロッパによくあり、
おそらくポーランド系移民が作り出したケーキだといわれています。
作り方のポイントは食感をよくするため、なるべくグルテンを出さないように
粉類を加えたら混ぜるのは最小限にすること。
また、生地ができ上がったらすぐにオーブンに入れて焼くことです。

**INGREDIENTS** 材料（20×8×高さ6cmのパウンド型・1台分）

- 強力粉 ―――――――――――――――― 90g
- 薄力粉 ―――――――――――――――― 90g
- ベーキングパウダー ――――――――― 小さじ1
- 塩 ―――――――――――――――――― ひとつまみ
- バター ――――――――――――― 80g（常温に戻す）
- 砂糖 ――――――――――――――――― 150g
- 卵 ――――――――――――――――――― 2個
- レモン果汁 ――――――――――――――― 60ml
- 牛乳 ―――――――――――――――――― 40ml
- レモンの皮 ―――――――― 1個分（ゼスターで削る）
- ブルーポピーシード ――――――――― 大さじ1と1/2

〈アイシング〉
- 粉糖 ―――――――――――――――――― 50g
- レモン果汁 ―――――――――――――――― 10ml

**PROCEDURES** 作り方

1. 型にオーブンシートを敷く。オーブンを180℃に予熱する。
2. ボウルに強力粉、薄力粉、ベーキングパウダー、塩を入れて泡立て器で混ぜる。
3. 大きめのボウルにバターと砂糖を入れ、ハンドミキサーでふんわり白っぽくなるまでよく混ぜる。
4. 卵を1個ずつ割り入れ、その都度よく混ぜる。レモン果汁、牛乳、レモンの皮、ブルーポピーシードも加えてよく混ぜる。
5. 2を2〜3回に分けてふるい入れ、その都度ゴムベラでさっくり混ぜ合わせて型に流し込む。
6. 温めたオーブンに入れて30〜40分焼く。キツネ色になり、竹串を中心に刺してみて生地がついてこなければ焼き上がり。
7. ケーキクーラーにのせて粗熱を取る。手で触れられる温度になったら型から外し、さらに冷ます。アイシングの材料を混ぜ、オーブンシートを外したケーキにかける。

# Boston Cream Pie

ボストンクリームパイ

ボストンにある有名なホテル、
"Parker House (パーカーハウス)" 発祥のケーキで
マサチューセッツ州を代表するデザートです。
スポンジケーキにカスタードクリームを挟み、
チョコレートガナッシュをかけたもの。
パイではないのですが、100年以上前にこのケーキが作られた当時は
ケーキもパイも同じ型で焼いていたのでこの名前がつきました。
今でもそのホテルの名物として愛されています。

**INGREDIENTS** 材料（直径15cmの丸型・1台分）

〈スポンジ生地〉
- 強力粉 ･････････････････････････ 30g
- 薄力粉 ･････････････････････････ 30g
- ベーキングパウダー ･････････････ 小さじ1/2
- 塩 ･････････････････････････････ 少々
- 砂糖 ･･･････････････････････････ 100g
- 卵 ･････････････････････････････ 1個
- 植物油 ･････････････････････････ 15g
- 溶かしバター ･･･････････････････ 15g
- 牛乳 ･･･････････････････････････ 55ml
- バニラエキストラクト ･･･････････ 小さじ1/2

〈カスタードクリーム〉
- 卵黄 ･･･････････････････････････ 1個
- 砂糖 ･･･････････････････････････ 30g
- コーンスターチ ･････････････････ 10g
- バニラエキストラクト ･･･････････ 小さじ1/2
- 牛乳 ･･･････････････････････････ 200ml

〈グレーズ〉
- ダークチョコレート（製菓用） ･･･ 50g
- 生クリーム ･････････････････････ 50g

**PROCEDURES** 作り方

1. 型の側面と底にオーブンシートを敷く。オーブンを170℃に予熱する。
2. スポンジ生地を作る。小さめのボウルに強力粉、薄力粉、ベーキングパウダー、塩を入れ、泡立て器で混ぜる。
3. 大きめのボウルに砂糖、卵、油を入れ、泡立て器でよく混ぜる。
4. 2をふるいながら加え、泡立て器でよく混ぜる。溶かしバター、牛乳、バニラエキストラクトも加え、まんべんなく混ぜる。
5. 型に流し入れ、温めたオーブンで25分焼く。キツネ色になり、竹串を中心に刺してみて生地がついてこなければ焼き上がり。オーブンから取り出し、型ごとケーキクーラーにのせて粗熱を取る。粗熱が取れたら型とオーブンシートを外し、横半分に切る。
6. カスタードクリームを作る。小鍋に卵黄、砂糖、コーンスターチ、バニラエキストラクト、牛乳を入れ、泡立て器でよく混ぜる。混ぜながら中火にかけ、とろみがつくまで1〜2分加熱する。
7. とろみがついたらバットに移し、熱々のうちにラップをぴったり被せる。保冷剤をのせ、冷蔵庫に入れて急冷する。
8. 半分に切った生地の下部の断面に冷えたカスタードをまんべんなく塗り、上部の生地をのせる。
9. グレーズを作る。湯煎または電子レンジでダークチョコレートを溶かし、溶けたら生クリームと合わせて泡立て器で混ぜる。
10. ケーキの上に9をまんべんなくかける。食べる直前まで冷蔵庫でしっかり冷やし、好みの大きさに切り分ける。

# Apple Crumble

アップルクランブル

秋はりんごとかぼちゃが街中にあふれかえっています。
秋といえば冷たいアイスを添えた温かいアップルクランブル。
残ったらヨーグルトと一緒に翌日の朝食に食べます。
紅玉、グラニースミス、ブラムリーなどの
酸味が強いりんごで作るのがおすすめですが、
数種類ミックスしても色々な味と食感になって美味しいです。
また、フルーツはかための洋梨、アプリコット、桃、
スパイスはカルダモン、クローブ、ナツメグなど好みのものでアレンジしても。

**INGREDIENTS**　材料（容量500mlの耐熱容器・1個分）

- □ りんご（小ぶりで酸味のあるもの） ------------------------------- 2個
- □ ラム酒（または好みの洋酒） --------------------------------- 大さじ1
- □ 薄力粉 -------------------------------------------------- 10g
- □ 砂糖 --------------------------------------------------- 20g
- □ 塩 --------------------------------------------------- 少々

〈クランブル〉
- □ 薄力粉 -------------------------------------------------- 50g
- □ オートミール ---------------------------------------------- 20g
- □ 砂糖 --------------------------------------------------- 50g
- □ 塩 ------------------------------------------------ 小さじ1/4
- □ シナモンパウダー -------------------------------------- 小さじ1/2
- □ バター ------------------------- 50g（1.5cm角に切り、常温に戻す）

- □ バニラアイス ------------------------------------------------ 適宜

**PROCEDURES**　作り方

1. オーブンを180℃に予熱する。
2. りんごは皮をむき、12等分のくし形切りにして種と芯を取る。
3. 大きめのボウルに **2**、ラム酒、薄力粉、砂糖、塩を入れる。しっかり混ぜ A 、耐熱容器に移す。
4. クランブルを作る。空になったボウルに薄力粉、オートミール、砂糖、塩、シナモンパウダー、バターを入れる。カードで切るように混ぜ、そぼろ状にする。
5. **3** にクランブルをたっぷりのせ B 、温めたオーブンで30〜40分こんがりしてりんごがやわらかくなるまで焼く。
6. 皿に盛り、好みでバニラアイスを添える。

**MEMO**
・クランブルのサクサクした食感を残すため、混ぜ過ぎないように注意してください。
・クランブルはマフィン（P.160参照）やババカ（P.164参照）にのせて焼いても美味しいです。

# Brownie & Blondie

ブラウニー & ブロンディー

生地にダークチョコレートやココアパウダーが入っていて濃い茶色のものがブラウニー、
何も入れないか、ホワイトチョコレートを入れた薄い茶色のものがブロンディーです。
ブラウニーのほうが認知されていますが、どちらも大体同じ頃に誕生したようです。

# Brownie ブラウニー

**INGREDIENTS** 材料(21cm四方の角型・1台分)

- ☐ 強力粉 ———————————— 70g
- ☐ 薄力粉 ———————————— 70g
- ☐ ベーキングパウダー ————— 小さじ1/2
- ☐ 塩 —————————————— 小さじ1/4
- ☐ ダークチョコレート(製菓用) ——— 200g
- ☐ バター ——————————— 150g
- ☐ 砂糖 ———————————— 150g
- ☐ 卵 —————————————— 2個

**PROCEDURES** 作り方

1. 型にオーブンシートを敷く。オーブンを180℃に予熱する。
2. 小さめのボウルに強力粉、薄力粉、ベーキングパウダー、塩を入れて泡立て器で混ぜる。
3. 大きめのボウルにダークチョコレートとバターを入れ、湯煎で溶かす。
4. 湯煎から外して砂糖と卵を加えて泡立て器でよく混ぜる。
5. **2**を加え、ゴムベラでよく混ぜる。
6. 型に流し入れ、温めたオーブンで25分焼く。ケーキクーラーに型ごとのせて冷ましてから型とオーブンシートを外し、9等分に切る。

# Blondie ブロンディー

**INGREDIENTS** 材料(21cm四方の角型・1台分)

- ☐ 強力粉 ———————————— 65g
- ☐ 薄力粉 ———————————— 65g
- ☐ ベーキングパウダー ————— 小さじ1/2
- ☐ 塩 —————————————— 小さじ1/4
- ☐ ホワイトチョコレートチップ(製菓用) ——— 150g
- ☐ バター ——————————— 115g
- ☐ きび砂糖 ——————————— 190g
- ☐ 卵 —————————————— 1個
- ☐ バニラエキストラクト ————— 小さじ1/2

**PROCEDURES** 作り方

1. 型にオーブンシートを敷く。オーブンを180℃に予熱する。
2. 小さめのボウルに強力粉、薄力粉、ベーキングパウダー、塩を入れて泡立て器で混ぜる。
3. 小鍋にバターを入れて中火にかけ、バターが焦げるまで加熱する。大きめのボウルに移し、そのまま冷ます。
4. **3**が触れる程度の温度になったらきび砂糖、卵、バニラエキストラクトを加えてよく混ぜる。ホワイトチョコレートチップと**2**を加え、ホワイトチョコレートチップが均等になるようにゴムベラでよく混ぜる。
5. 型に流し入れ、温めたオーブンで25分焼く。ケーキクーラーに型ごとのせて冷ましてから型とオーブンシートを外し、9等分に切る。

# Black & White Cookies

ブラック & ホワイトクッキー

19世紀に白黒のお菓子が流行っていたときに生まれ、今でもNYでポピュラーなお菓子です。
クッキーという名前ですが、生地はケーキ生地。
薄く焼かれているので、少しかたいケーキの食感です。
アメリカの大統領だったオバマ氏が
大統領選のキャンペーン中にデリに立ち寄り、このクッキーを買って
現代の人種の団結を語ったのは有名なエピソードです。

## INGREDIENTS 材料（4枚分）

- □ 強力粉 ---------------------------------- 35g
- □ 薄力粉 ---------------------------------- 35g
- □ 重曹 ---------------------------------- 小さじ1/8
- □ ベーキングパウダー ---------------------- 小さじ1/8
- □ 塩 ---------------------------------- ひとつまみ
- □ 砂糖 ---------------------------------- 50g
- □ バター ---------------------------------- 80g（常温に戻す）
- □ サワークリーム
　　（またはひと晩水気をきったプレーンヨーグルト）---- 30g
- □ 卵 ---------------------------------- 30g
- □ バニラエキストラクト -------------------- 小さじ1/2

〈フロスティング〉
- □ 粉糖 ---------------------------------- 50g
- □ コーンシロップ（または水あめ） ---------------- 10g
- □ ココアパウダー ---------------------------- 10g
- □ 牛乳 ---------------------------------- 適量

## PROCEDURES 作り方

1. オーブンを180℃に予熱する。
2. 小さめのボウルに強力粉、薄力粉、重曹、ベーキングパウダー、塩を入れて泡立て器で混ぜる。
3. 大きめのボウルに砂糖とバターを入れ、ハンドミキサーでふんわり白っぽくなるまでよく泡立てる。
4. サワークリーム、卵、バニラエキストラクトを順に加え、その都度よく混ぜる。
5. 2をふるいながら3回に分けて加え、その都度ゴムベラで混ぜる。
6. でき上がった生地を4等分にして丸める。オーブンシートを敷いた天板に間隔をあけてのせ、生地の表面を指で軽く押さえて平らにする。
7. 温めたオーブンに入れて15～20分、こんがりするまで焼く。キツネ色になり、竹串を中心に刺してみて生地がついてこなければ焼き上がり。オーブンから取り出し、天板ごとケーキクーラーにのせてそのまま冷ます。
8. フロスティングを作る。小さめのボウルに粉糖とコーンシロップを入れて混ぜる。フロスティングしやすいかたさになるまで牛乳を加えて混ぜる。
9. ハケで8をクッキーの半面に塗る。ケーキクーラーにのせてかたまるまで15分ほど乾かす。
10. 残りのフロスティングにココアパウダーと牛乳を加えてちょうどよいかたさに調整し、クッキーの残りの半面に塗る。

# Chocolate Chip Cookies

チョコレートチップクッキー

プレーンのクッキー生地にカカオ分60％ほどのセミスイートのチョコレートチップが
たっぷり入ったアメリカを代表するクッキーです。
丸めて焼くと平らに広がるので、少し感覚をあけて焼かないとくっついてしまいます。
好きなフレーバーのアイスクリームをワンスクープ挟めば、最高のご褒美スイーツができ上がります。

**INGREDIENTS** 材料(6枚分)

- □ バター ・・・・・・・・・・・・・・・・・・・・・・・・・・・・・・・・・・・・・・・・・・・ 65g（常温に戻す）
- □ 砂糖 ・・・・・・・・・・・・・・・・・・・・・・・・・・・・・・・・・・・・・・・・・・・・・・・・・・ 100g
- □ 溶き卵 ・・・・・・・・・・・・・・・・・・・・・・・・・・・・・・・・・・・・・・・・・・・・・・・ 30g
- □ バニラエキストラクト ・・・・・・・・・・・・・・・・・・・・・・・・・・・・・・・ 小さじ1/2
- □ ベーキングパウダー ・・・・・・・・・・・・・・・・・・・・・・・・・・・・・・・・・ 小さじ1
- □ 塩 ・・・・・・・・・・・・・・・・・・・・・・・・・・・・・・・・・・・・・・・・・・・・・・・・・・・・ 小さじ1/4
- □ 強力粉 ・・・・・・・・・・・・・・・・・・・・・・・・・・・・・・・・・・・・・・・・・・・・・・・ 60g
- □ 薄力粉 ・・・・・・・・・・・・・・・・・・・・・・・・・・・・・・・・・・・・・・・・・・・・・・・ 60g
- □ セミスイートチョコレートチップ（製菓用） ・・・・・・・・・・・・・ 75g
- □ フレークソルト（マルドンなど） ・・・・・・・・・・・・・・・・・・・・・・・ 少々

**PROCEDURES** 作り方

1. オーブンを180℃に予熱する。
2. ボウルにバターと砂糖を入れ、ハンドミキサーで白っぽくふんわりするまで泡立てる。
3. 溶き卵、バニラエキストラクト、ベーキングパウダー、塩を加えてさらに泡立てる。
4. 強力粉、薄力粉、セミスイートチョコレートチップを加え、ゴムベラでチョコレートチップが均等になるように混ぜる。
5. 直径5cmの球体に手で丸める A 。オーブンシートを敷いた天板に間隔をあけてのせ、フレークソルトを軽くふる B 。温めたオーブンで15分、かためが好きなら18分焼く。オーブンから取り出し、天板ごとケーキクーラーにのせてそのまま冷ます C 。

**MEMO**
・チョコレートチップはホワイトチョコレート、ナッツ、レインボースプリンクルにしても。

# Ice Cream Sandwich

アイスクリームサンドイッチ

**INGREDIENTS** 材料(1人分)

- □ チョコレートチップクッキー ・・・・・・・・・・・・・・・・・・・・・・・・・・ 2枚
- □ 好みのアイス ・・・・・・・・・・・・・・・・・・・・・・・・・・・・・・・・・・・・・・・ 適量

**PROCEDURES** 作り方

アイスをディッシャーやスプーンで取り、チョコレートチップクッキーでサンドする。食べる直前まで冷蔵庫で冷やしておく。

# Cupcakes
カップケーキ

NYのカップケーキといえば"Magnolia Bakery（マグノリアベーカリー）"。
夜遅くまで営業しているので、〆のデザートに食べる人で夜も行列しています。
カラフルで甘〜いカップケーキはパーティーの差し入れにも人気で
季節を問わず、一年中愛されるスイーツです。
スーパーでも普通に売っているし、家でもよく作ります。
中学生のとき、サッカーの部活動で、
チームメイトの家族が差し入れしてくれたサッカーボールの柄のカップケーキを
ハーフタイムに皆がペロリと食べていてびっくりしたのを覚えています。
サッカーの試合中にこんなに甘いものを食べるのには驚きましたが、
今では少し恋しくなるケーキです。
今回は家庭でも作りやすい混ぜるだけのバタークリームを紹介します。

### INGREDIENTS　材料（直径7cmのマフィン型・6個分）

- 薄力粉 ……………………………………… 75g
- ベーキングパウダー ………………………… 小さじ1/2
- 塩 ………………………………………… 少々
- 植物油 …………………………………… 55g
- 砂糖 ……………………………………… 75g
- 卵 ………………………………………… 1個
- バニラエキストラクト ……………………… 小さじ1/2
- 牛乳 ……………………………………… 60ml

〈バタークリーム〉
- バター …………………………………… 60g（常温に戻す）
- 粉糖 ……………………………………… 200g
- 牛乳 ……………………………………… 大さじ2
- バニラエキストラクト ……………………… 小さじ1/2
- 食紅（好みの色） ………………………… 適宜
- レインボースプリンクル …………………… 適宜

### PROCEDURES　作り方

1. オーブンを180℃に予熱する。
2. 小さめのボウルに薄力粉、ベーキングパウダー、塩を入れて泡立て器で混ぜる。
3. 大きめのボウルに油、砂糖、卵、バニラエキストラクトを入れ、ハンドミキサーで乳化させるようによく混ぜる。
4. 2の粉類の半量をふるいながら加えて混ぜ、牛乳を加えて混ぜる。残りの粉類も加えてさらに混ぜる。
5. グラシンカップを敷いた型にディッシャーまたはスプーンで縁から1cm下の高さのところまで生地を入れる。
6. 温めたオーブンに入れて20〜25分、キツネ色になり、竹串を中心に刺してみて生地がついてこなければ焼き上がり。オーブンから取り出し、型ごとケーキクーラーにのせて粗熱を取る。
7. バタークリームを作る。ボウルにバター、粉糖、牛乳、バニラエキストラクトを入れ、ハンドミキサーでふんわりするまで泡立てる。食紅を入れる場合は様子を見ながら少しずつ加えて混ぜ、好みの色にする。
8. 完全に冷めたカップケーキの上にバタークリームをたっぷり塗り、好みでレインボースプリンクルをふる。

MEMO ・本場の味に近づける場合は、牛乳をバターミルクにするか、レモン果汁小さじ2を加えます。

# Raspberry Cocoa Rugelach

ラズベリーココアルゲラー

クロワッサンのような形の小さなクッキー。
クッキーとはいってもサクサクした食感ではなく、
生地にクリームチーズとバターがたっぷり入っていて
パンのようにしっとりしています。NYのみならず、
ユダヤ人が住んでいる世界中の地域でよく食べられています。
ちなみに具の種類もさまざまで、
ナッツやケシの実、チョコレートが入ったものもあります。

**INGREDIENTS** 材料（12個分）

〈生地〉
- 強力粉 ……………………………………… 35g
- 薄力粉 ……………………………………… 35g
- 塩 ………………………………………… ひとつまみ
- バター ……………………………… 50g（常温に戻す）
- クリームチーズ …………………… 50g（常温に戻す）

〈フィリング〉
- 砂糖 ………………………………………… 10g
- ココアパウダー ……………………………… 5g
- シナモンパウダー …………………………… 2g
- ラズベリージャム（または好みのジャム）……… 50g
- 卵液 ………………………………………… 適量
- 砂糖 ………………………………………… 適量

**PROCEDURES** 作り方

1. 生地を作る。ボウルに強力粉、薄力粉、塩、バター、クリームチーズを入れてよく混ぜ、ラップを被せて冷蔵庫で2時間冷やす。
2. フィリングを作る。小さめのボウルに砂糖、ココアパウダー、シナモンパウダーを入れて混ぜる。
3. 冷やしておいた生地を打ち粉（分量外）をふった台に出し、麺棒で直径20cm程度の円形にのばす。
4. のばした生地にラズベリージャムをまんべんなく塗り、2を縁1cmほど残してのせる。
5. 生地をナイフまたはピザカッターを使い、ピザのように12等分に切る。
6. 切った生地を縁から中心に向かってそれぞれクロワッサンを作るようにくるくると巻き、閉じ目が下にくるように形を整える。
7. 6を冷蔵庫に入れて30分ほど冷やす。焼くタイミングに合わせ、オーブンを180℃に予熱する。
8. 7を冷蔵庫から取り出し、オーブンシートを敷いた天板にのせて卵液を塗る。砂糖をふり、温めたオーブンで20分焼く。

# Treats

トリーツ

"Treat(トリーツ)"とはご褒美という意味の単語。
ペットにあげるおやつもトリーツといいますが、
私たちが食べるものに関しては、甘いおやつの意味です。
ここではオーブンで焼いていないお菓子を紹介します。
NYでは金曜の夜にアイスクリームショップが混み合っていますが、
それは晩ごはん後に一週間頑張ったご褒美に
トリーツを買いに来る人たちもたくさんいるからです。

# Apple Cider Donuts

アップルサイダードーナツ

秋の訪れを告げるおやつ"Apple Cider Donuts（アップルサイダードーナツ）"。
ドーナツ専門店ではなく、ファーマーズマーケットで
りんご農家さんから買うことができます。
名前の通り、アップルサイダーをたっぷり使ったドーナツで
イーストを使わずにベーキングパウダーで膨らまし、
シナモンシュガーをまとったオールドファッションのような食感です。
アップルサイダーは皮や種ごとりんごを搾ったりんごジュース。
このレシピでは濾過していない100％のりんごジュースで代用します。

**INGREDIENTS** 材料（直径6cm・8～10個分）

〈ドーナツ生地〉
- □ りんごジュース（濾過していない100％のもの） -- 120g
- □ 強力粉 ---------- 100g
- □ 薄力粉 ---------- 100g
- □ ベーキングパウダー ---------- 小さじ1
- □ シナモンパウダー ---------- 小さじ1/2
- □ ナツメグパウダー ---------- 小さじ1/4
- □ 砂糖 ---------- 80g
- □ 塩 ---------- ふたつまみ
- □ 卵 ---------- 1個
- □ 溶かしバター ---------- 40g

〈シナモンシュガー〉
- □ 砂糖 ---------- 100g
- □ シナモンパウダー ---------- 大さじ1

- □ 揚げ油 ---------- 適量

**PROCEDURES** 作り方

1. ドーナツ生地を作る。小鍋にりんごジュースを入れ、半量になるまで煮詰める。火を止め、しっかり冷ましておく。
2. 大きめのボウルに強力粉、薄力粉、ベーキングパウダー、シナモンパウダー、ナツメグパウダー、砂糖、塩を入れ、泡立て器で混ぜる。
3. 卵、溶かしバター、煮詰めたりんごジュースを加えて混ぜ、粉類と水分が馴染んできたら表面がツルッとするまで2～3分捏ねる。
4. ボウルに入れ、ラップを被せて冷蔵庫で1時間ほど置く。
5. 打ち粉（分量外）をふった台に生地をのせ、麺棒で1cm程度の厚さになるまで薄くのばす。
6. 打ち粉をつけた直径6cmのドーナツカッターまたはセルクルでドーナツの形に抜く。
7. バットにシナモンシュガーの材料を入れて混ぜる。
8. 揚げ油を160℃に温め、**6**を片面2分ずつ揚げる。残ったまん中の丸い部分も同様に揚げる。油をよくきり、シナモンシュガーをたっぷりまぶす。

Donuts (Recipe » P.200)

# Donuts

ドーナツ

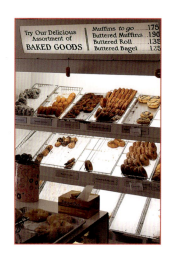

朝ごはんはもちろん、おやつやデザートにも
ドーナツはアメリカ中で愛されています。
シンプルなグレーズドーナツも、トッピングをのせたものも人気。
イーストを使った発酵タイプのドーナツで、
モチモチした食感が特徴です。

INGREDIENTS　材料（直径8.5cm・8〜10個分））

〈ドーナツ生地〉
- □ ドライイースト（金） ------------------------ 小さじ1
- □ 卵 ------------------------------------------ 1個
- □ 牛乳 ---------------------------------------- 80ml
- □ 溶かしバター -------------------------------- 15g
- □ 強力粉 -------------------------------------- 90g
- □ 薄力粉 -------------------------------------- 90g
- □ グラニュー糖 -------------------------------- 25g
- □ 塩 ------------------------------------ 小さじ1/4

〈グレーズ〉
- □ 粉糖 ---------------------------------------- 100g
- □ 牛乳 --------------------------------------- 大さじ2

- □ 揚げ油 -------------------------------------- 適量

PROCEDURES　作り方

1. オーブンシートを10cm四方に10〜12枚切る。
2. ドーナツ生地を作る。大きめのボウルにドライイースト、卵、牛乳、溶かしバターを入れ、泡立て器でよく混ぜる。
3. 強力粉、薄力粉、グラニュー糖、塩を加え、よく混ぜる。粉類と水分が馴染んできたら、表面がツルッとするまで5〜8分捏ねる。
4. 捏ねた生地をボウルに入れて濡れ布巾を被せ、生地が2倍程度に膨らむまで30分〜2時間置いて一次発酵させる A 。
5. 発酵した生地を打ち粉（分量外）をふった台にのせ、麺棒で1cm程度の厚さになるまで薄くのばす B 。
6. 打ち粉をつけた直径8.5cmのドーナツカッターまたはセルクルでドーナツの形に抜き C 、1のオーブンシートにのせる D 。残ったまん中の丸い部分も同様にのせる。
7. 濡れ布巾を被せ、20分ほど置いて二次発酵させる E 。
8. 揚げ油を180℃に温め、オーブンシートごと油に入れてキツネ色になるまで片面2分ずつ揚げる F 。揚げているうちにオーブンシートがはがれたら取り除く。
9. 油をよくきり、ケーキクーラーにのせて冷ます。グレーズの材料を混ぜ合わせる。
10. ドーナツがまだ温かいうちにグレーズに片面を浸し G H 、ケーキクーラーの上で乾かす。

# Rice Krispie Treats

ライスクリスピートリーツ

お米からできたシリアル、"Rice Krispies(ライスクリスピー)"で作るおやつです。
鍋ひとつでできるのでとても簡単で、アメリカンであれば一度は作ったことがあるはず。
こちらはベーシックなレシピですが、バターを焦がして作ると、香ばしくて大人の味になります。
型も自分の持っているものでOK。
型にラップを敷いておくか、油を塗っておくと、すんなりと型から取り出せます。
型がない場合は手で丸めても大丈夫です。

**INGREDIENTS** 材料(12cm四方の角型・1台分)

- ライスクリスピー(または好みのシリアル) ･･････････････････ 75g
- バター ････････････････････････････････････････････････ 25g
- マシュマロ ･････････････････････････････････････････････ 140g
- 塩 ･･･････････････････････････････････････････････････ ふたつまみ

**PROCEDURES** 作り方

1. 型に耐熱性のあるラップを敷くか、油(分量外)を薄く塗る。
2. 鍋にバター、マシュマロ、塩を入れて中火で熱し、混ぜながら溶かす。
3. バターとマシュマロが溶けたら火を止め、ライスクリスピーを加えてゴムベラで混ぜる。
4. 型に移し、ゴムベラでギュッと押しながら表面を平らにならす。
5. そのまま置き、冷めたら好みの大きさに切り分ける。

**MEMO**
・好みのスパイスを混ぜたり、表面をチョコレートでコーティングしても。

Banana Pudding (Recipe » P.206)

Banana Split (Recipe » P.207)

# Banana Pudding

バナナプディング

アメリカ全土で食べられているデザート。
即席の"Vanilla Pudding Mix（バニラプディングミックス）"を使うと、
とても簡単にできるので、家庭でもよく作られます。
クッキーは"Nilla Wafers（ニラウエハース）"を使うのが定番ですが、
日本では手に入らないので、市販のバニラクッキーを使います。
作ってすぐ食べるよりも、冷蔵庫でひと晩置いたほうが
クッキーがしっとりして美味しいです。

**INGREDIENTS**　材料（1〜2人分）

- □ バナナ ……………………………………………………… 1〜2本
- □ バタークッキー …………………………………………… 5〜10枚

〈プディングミックス〉

- □ 牛乳 …………………………………………………………… 200ml
- □ 卵黄 ……………………………………………………………… 1個
- □ 砂糖 ……………………………………………………………… 30g
- □ コーンスターチ ………………………………………………… 10g
- □ バニラエキストラクト ……………………………………… 小さじ1/2
- □ 生クリーム …………………………………………………… 100ml

**PROCEDURES**　作り方

1. プディングミックスを作る。小鍋に牛乳、卵黄、砂糖、コーンスターチ、バニラエキストラクトを入れ、中火にかける。泡立て器で混ぜながらとろみがつくまで1〜2分加熱する。

2. 火を止め、そのまま冷ます。

3. ボウルに生クリームを入れ、泡立て器でホイップ状に泡立て、完全に冷めた 2 を加えて混ぜ合わせる。

4. 大きめのグラスに 3 、バタークッキー、1cm幅の輪切りにしたバナナの順番に重ねる。それを3層繰り返す。ラップを被せて冷蔵庫でひと晩冷やす。バタークッキーがしっとりしたら完成。

**MEMO**
・市販の"Vanilla Pudding Mix（バニラプディングミックス）"を使っても、甘みが足りない場合は、練乳を加えてください。
・いちばん上のバナナは食べる直前にトッピングすると変色を防げます。

# Banana Split

バナナスプリット

ソーダファウンテンやアイスクリームショップで
昔から食べられているデザートです。
ソーダファウンテンとは薬局に併設されることもある
ソーダやアイスのデザートなどが楽しめる専門店。
バナナスプリットはいちご、バニラ、チョコレートの
3種類のアイス（この3種を合わせて"ネオポリタン"と呼ぶ）が
縦に切られたバナナの間に挟まっています。
その上にはたっぷりのホイップクリーム、
ナッツ、スプリンクルにチョコレートソースなどをトッピングし、
仕上げにチェリーのシロップ漬けをのせて完成。
大人も子どももワクワクする見た目のデザートです。

### INGREDIENTS 材料(1〜2人分)

- □ バナナ ……………………………………………………… 1本
- □ バニラアイス ……………………………………………… 適量
- □ チョコレートアイス ……………………………………… 適量
- □ ストロベリーアイス ……………………………………… 適量
- □ ホイップクリーム ………………………………………… 適量
- □ チョコレートシロップ …………………………………… 適量
- □ レインボースプリンクル ………………………………… 適量
- □ クラッシュピーナッツ …………………………………… 適量
- □ さくらんぼ（缶詰） ……………………………………… 1粒

### PROCEDURES 作り方

1. バナナは皮がついたまま縦半分に切り A 、折れないようにそっとむく。
2. 皿にバナナの断面を内側にして並べ、ディッシャーで取ったアイス3種をバナナの間に置く B 。
3. ホイップクリームをアイスの上に飾り、チョコレートシロップをかける C 。レインボースプリンクルとクラッシュピーナッツをふり、さくらんぼをのせる。

**MEMO**
・マセレーテッドしたいちご（P.175参照）をトッピングしても。

# Ice Cream Sundae

アイスクリームサンデー

バナナスプリットと同じく、ソーダファウンテンやアイスクリームショップで昔から人気のデザート。ビュッフェ式のレストランなどのデザートコーナーでDIYできるところもあります。サンデーでいちばん有名な老舗カフェ "Serendipity 3（セレンデピティスリー）" には、ギネス認定されたパフェが何個もあり、金箔がのった $1000 のパフェもあります。

**INGREDIENTS**　材料（1人分）

- ☐ バニラアイス ———————————————————————— 適量
- ☐ マセレーテッドストロベリー（P.175参照）———————— 適量
- ☐ ホイップクリーム ———————————————————— 適量
- ☐ チョコレートシロップ —————————————————— 適量
- ☐ レインボースプリンクル ————————————————— 適量
- ☐ さくらんぼ（缶詰）———————————————————— 1粒

**PROCEDURES**　作り方

1. 大きめのグラスにマセレーテッドストロベリー、バニラアイスを好みで重ねる。
2. ホイップクリームを飾り、チョコレートシロップをかける。レインボースプリンクルをふってさくらんぼをのせる。

# Drink

## ドリンク

夏の終わりから秋にはりんごがたくさん収穫され、採ったりんごで作った
"Apple Cider（アップルサイダー）" がファーマーズマーケットに並びます。
アップルサイダーは、りんごを丸ごと搾った琥珀色、不透明、
未発酵のアルコール分をまったく含まないジュースのこと。
フランスのシードルのような発泡酒ではありません。
とはいえ、アップルサイダーはNYの夏の終わりから秋にかけての風物詩。
でもニューヨーカーのドリンクといえば、やっぱりコーヒー。
朝の街では、ニューヨーカーが紙のカップを持って
急いで歩いているのが日常の風景です。

# Mulled Apple Cider
マルドアップルサイダー

アップルサイダードーナツにも入っているアップルサイダーを
スパイスと一緒に煮たホットドリンク。
日本でアップルサイダーは手に入らないので、
濾過していない100％のりんごジュースで代用します。
NYの冬は寒いので、ファーマーズマーケットで
りんご農家さんが売っているのを見つけるとついつい買ってしまいます。
スパイスが入っているので身体もとても温まりますが、
冷やしても、ウイスキーやラム酒をお好みで加えても美味しいです。

### INGREDIENTS　材料(作りやすい分量)

- □ りんごジュース(濾過していない100％のもの) ………… 1ℓ
- □ シナモンスティック ………… 1本
- □ しょうが(薄切りにしたもの) ………… 1かけ
- □ 八角 ………… 1個
- □ クローブ ………… 3粒
- □ カルダモン ………… 3粒
- □ ホイップクリーム ………… 適量
- □ シナモンパウダー ………… 少々

### PROCEDURES　作り方

1. 鍋にホイップクリームとシナモンパウダー以外の材料を入れ、弱火で15分ほど煮る A 。
2. グラスに注ぎ B 、ホイップクリームをのせてシナモンパウダーをふる。

**MEMO**
・りんごジュースを赤ワインにすると、クリスマスの時期によく飲まれる"Mulled Wine(マルドワイン)"になります。

Drink

## NY Egg Cream
ニューヨークエッグクリーム

**INGREDIENTS**　材料(1人分)

- ☐ チョコレートシロップ ......... 25g
- ☐ 牛乳 ................. 100ml
- ☐ 炭酸水 ................ 65ml

**PROCEDURES**　作り方

1. グラスにチョコレートシロップと牛乳を入れて混ぜる。
2. 炭酸水をゆっくり注ぎ、泡がたくさん出るようによく混ぜる。

⟶ p.215

## Milkshake
ミルクシェイク

**INGREDIENTS**　材料(1人分)

- ☐ 好みのアイスクリーム ..... 200g
- ☐ 牛乳 ................. 100ml
- ☐ ホイップクリーム ........... 適量
- ☐ さくらんぼ(缶詰) .......... 1粒
- ☐ レインボースプリンクル ..... 適宜

**PROCEDURES**　作り方

1. アイスクリームと牛乳をミキサーに入れて混ぜる。
2. グラスに注ぎ、ホイップクリームとさくらんぼを飾り、好みでレインボースプリンクルをふる。

## NY Egg Cream
ニューヨークエッグクリーム

NY発祥の不思議なドリンク、エッグクリーム。
卵もクリームも入っていません。チョコレートミルクを炭酸で割ったものなので、
薄い味のシュワシュワしたチョコレートミルクです。
好き嫌いは分かれますが、NY発祥の伝統的な飲み物です。
そして使われるシロップにもニューヨーカーはとてもこだわり、
ブルックリンで生産されている"Fox's u-bet(フォックスユー・ベット)"のシロップを使います。
日本では手に入らないので、お隣のペンシルバニア州発祥の"Hershey(ハーシー)"のものを使いました。

Drink

# Milkshake

ミルクシェイク

アイスクリームに牛乳をブレンドしたドリンク。
アイスクリーム2に対して牛乳は1の割合。
この比率を覚えておけば、
好きなアイスクリームで作ることができます。
アイスと牛乳のほかにも好きな具材を入れてもいいので、
クッキーや麦芽乳、フルーツなどを一緒にブレンドしても。

# Appetizer
# &
# Alcohol

## アペタイザー & アルコール

あまり知られていませんが、NYの北のほう、
またNYCから車で1時間ほど行ったロングアイランドにも
ワイナリーがたくさんあります。
そして地ビールは大都会のNYCでも作られています。
昔住んでいたアパートからは日本でも有名な
"Brooklyn Brewery(ブルックリンブルワリー)"のウォータータンクが見えていました。
NY発祥のカクテルもたくさんあり、ニューヨーカーはお酒が大好きな人が多いです。
至る所にあるバーやスピークイージーでは、酒の肴もおもしろいものがあります。

# Fried Pickles

フライドピクルス

ピクルスはハンバーガーやサンドイッチに入っていたり、
刻んでタルタルソースにしたりと脇役なことが多いですが、
この料理ではピクルスが主役です。
ジューシーなピクルスとカリカリの衣のコントラストがあとを引く
フライドピクルスは、バーのおつまみの定番です。

### INGREDIENTS　材料（作りやすい分量）

- ハーフサワーピクルス（P.237参照） ……………………… 2本
- 薄力粉 …………………………………………………………… 50g
- 塩 ………………………………………………………………… 2つまみ
- 黒胡椒 …………………………………………………………… 小さじ1/2
- パプリカパウダー ……………………………………………… 小さじ1/4
- ガーリックパウダー …………………………………………… 小さじ1/4
- 牛乳 ……………………………………………………………… 50ml
- 酢 ………………………………………………………………… 小さじ2
- 卵 ………………………………………………………………… 1個
- 揚げ油 …………………………………………………………… 適量
- ランチドレッシング（P.118参照） …………………………… 適量

### PROCEDURES　作り方

1. ハーフサワーピクルスは5mm幅の輪切りにする。
2. ボウルに薄力粉、塩、黒胡椒、パプリカパウダー、ガーリックパウダーを入れてよく混ぜる。
3. 別のボウルに牛乳、酢、卵を入れてよく混ぜる。
4. 輪切りにしたピクルスに2の粉をまぶしA、3を絡めB、再度粉をまぶす。
5. 180℃に温めた揚げ油に入れ、片面1〜2分ずつ揚げるC。
6. 油をきり、ランチドレッシングを添える。

**MEMO**
・牛乳と酢の代わりにバターミルク60ml を使うと、より本場の味に近づきます。

Appetizer & Alcohol

# Bacon-Wrapped Dates

デーツのベーコン巻き

バーフードにはベーコンでいろいろな具を巻いたものがあります。海老やホタテ、チーズを詰めたハラペーニョペッパーなどを巻きます。美味しいベーコンを使うと何を巻いても美味しいです。

INGREDIENTS　材料(8個分)

- □ デーツ ································································ 8個
- □ ゴートチーズ ······················································ 40g
- □ ベーコン（スライス）············································ 4枚

PROCEDURES　作り方

1. デーツはナイフの先で切り目を入れて種を取り出し、種があった場所にゴートチーズを5gずつ挟む A 。
2. 1を半分に切ったベーコンで巻き B 、ベーコンの端を下にしてフライパンにのせる。中火で熱し、少しカリッとしてくるまで触らずに焼く。
3. 焼き目がついたら転がしながら全面を焼き、つまようじで刺して皿に盛る。

MEMO
・ピッグインブランケットと一緒にオーブンで15分焼いてもよいでしょう。

# Pigs in a Blanket

ピッグインブランケット

ジョークのような名前の料理で、ソーセージをパイ生地で巻いたアペタイザー。アメリカでは"Crescent Dough（クレッセントドゥ）"という缶に入ったクロワッサン生地を使って作りますが、ここではパイ生地で代用します。

INGREDIENTS　材料(10〜15個分)

- □ パイ生地（冷凍）················································ 1〜2枚
- □ ソーセージ ····················································· 小10〜15個
- □ 卵液 ································································· 適量
- □ エブリシングシーズニング（P.144参照）················ 適量
- □ トマトケチャップ ················································ 適量
- □ イエローマスタード ············································· 適量

PROCEDURES　作り方

1. パイ生地を1cm幅に切り、ソーセージに巻く A 。閉じた面を下にして、オーブンシートを敷いた天板に並べる。ハケで卵液を塗り、エブリシングシーズニングをふる B 。
2. 180℃に温めたオーブンに入れ、キツネ色になるまで15分焼く。
3. 皿に盛り、トマトケチャップとイエローマスタードを添える。

# Salsa & Guacamole

サルサ & ワカモレ

サルサとワカモレ、元々はメキシコ料理ですが、パーティーフードの定番。
ビールとの相性も抜群です。
両方ともスーパーで瓶詰めやでき合いのものが買えますが、
フレッシュな材料で作ると美味しさも格別です。
チーズ、チリコンカン (P.109 参照) と一緒にコーンチップスにかければ、
美味しいナチョスが完成します。

## Salsa サルサ

**INGREDIENTS** 材料 (作りやすい分量)

□ トマト -------------------------------- 2個
□ 紫玉ねぎ ----------------------- 1/4個
□ パクチー ------------------------------ 適量
□ にんにく ---------------------- 1/2かけ
□ ライム ----------------------------- 1個
□ クミンパウダー ---------------- 小さじ1/4
□ 塩 -------------------------------- 小さじ1/4
□ 黒胡椒 ------------------------------ 適量
□ コーンチップス --------------------- 適量

**PROCEDURES** 作り方

1. トマトと紫玉ねぎは1cm角に切る。パクチーは粗みじん切りにし、にんにくはみじん切りにする。トマトの水分が多い場合はザルで濾す。

2. ボウルに **1** を入れ、ライムを搾り、クミンパウダー、塩、黒胡椒を加えて混ぜる。味見をして塩が足りなかったら適宜加える。

3. 器に盛り、コーンチップスを添える。

## Guacamole ワカモレ

**INGREDIENTS** 材料 (作りやすい分量)

□ アボカド (熟したもの) --------------- 2個
□ 紫玉ねぎ ----------------------- 1/4個
□ にんにく ---------------------- 1/2かけ
□ ライム ----------------------------- 1個
□ 塩 -------------------------- 小さじ1/4
□ 黒胡椒 ------------------------------ 適量
□ コーンチップス --------------------- 適量

**PROCEDURES** 作り方

1. アボカドは種と皮を取り、ボウルに入れる。フォークで好みのかたさにマッシュする。

2. 紫玉ねぎは粗みじん切りにし、にんにくはみじん切りにして **1** に加えて混ぜる。

3. ライムを搾り、塩、黒胡椒を加えて混ぜる。味見をして塩が足りなかったら適宜加える。

4. 器に盛り、コーンチップスを添える。

Chopped Chicken Liver (Recipe » P.226)

Buffalo Wings (Recipe » P.227)

# Chopped Chicken Liver

チョップドチキンレバー

ユダヤ人のアペタイザーです。
NYCにはユダヤ人が住んでいる地域がいくつかあり、
なかには厳格な教派のユダヤ人も数多くいます。
"Kosher(コーシャ)"という食事規定に従って食事を取るため
食べてはいけない肉や魚などがあります。
その中でも特に気をつけるのが肉と乳製品を一緒に摂取しないこと。
分かりやすくいうとハンバーガーは食べてよいけれど、チーズバーガーは食べてはいけません。
乳製品(肉)を食べたら一定期間あけないと、肉(乳製品)が食べられません。
チョップドチキンレバーはバターではなく、鶏油を使って作っているのは、それが理由です。

### INGREDIENTS 材料(作りやすい分量)

- ☐ 鶏レバー(新鮮なもの) ………………………………… 200g
- ☐ 鶏油(P.233参照。またはオリーブオイル) ……………… 30g
- ☐ 玉ねぎ ………………………………………………… 1/2個
- ☐ 茹で卵 ………………………………………………… 1個
- ☐ イタリアンパセリ(みじん切りにしたもの) ……………… 小さじ1
- ☐ 塩 ……………………………………………………… 小さじ1
- ☐ 黒胡椒 ………………………………………………… 適量
- ☐ マッツァー(または好みのクラッカー) ………………… 適量

### PROCEDURES 作り方

1. 玉ねぎはみじん切りにし、茹で卵は殻をむいて粗みじん切りにする。
2. 鶏レバーは流水でよく洗い、血や脂肪などを取り除いてペーパータオルで水気をふく。
3. フライパンに鶏油を中火で熱し、**2**を焼く。少し焦げ目がつくまであまり動かさない。両面焼いたら取り出す。
4. 同じフライパンに玉ねぎと塩適量(分量外)を入れ、少しキツネ色になるまで中火で炒める。鶏油が必要な場合は適宜足す。
5. 焼いたレバー、炒めた玉ねぎ、フライパンに残った油をフードプロセッサーに入れ、ドロドロにならない程度に撹拌する。
6. **1**の茹で卵、イタリアンパセリ、塩、黒胡椒を加えて軽く撹拌する。味見をして塩が足りなかったら適宜加える。
7. 器に盛り、グレーターで削った茹で卵とイタリアンパセリ(ともに分量外)をのせ、マッツァーを添える。

**MEMO**
・材料にある鶏油は、"Kosher(コーシャ)"を気にしなければバターを使っても。

# Buffalo Wings

バッファローチキン

NY州バッファロー発祥の辛酸っぱいチキン。
付け合わせのセロリとともにブルーチーズドレッシングをつけて食べます。
ピリ辛でビールのおともに最適なバーフードで、手で持って豪快に食べます。
NYCにはバッファローウィングが食べられるバーがたくさんありますが、
とても辛い店もあるので要注意。
どれだけ辛いものが食べられるかチャレンジできるお店もあります。

**INGREDIENTS**　材料（作りやすい分量）

- □ 手羽中 ……………………………………………………… 6本
- □ 手羽元 ……………………………………………………… 6本
- □ 薄力粉 ……………………………………………………… 50g
- □ パプリカパウダー ………………………………………… 小さじ1/4
- □ カイエンペッパー ………………………………………… 小さじ1/4
- □ 塩 …………………………………………………………… 小さじ1/4
- □ バッファローソース（またはシラチャーソース） ……… 75g
- □ バター ……………………………………………………… 20g
- □ 揚げ油 ……………………………………………………… 適量

〈ブルーチーズディップ〉
- □ ブルーチーズ（砕く） …………………………………… 30g
- □ サワークリーム …………………………………………… 30g
- □ アメリカンマヨネーズ …………………………………… 30g
- □ 牛乳 ………………………………………………………… 大さじ2/3
- □ 塩 …………………………………………………………… 適量
- □ 黒胡椒 ……………………………………………………… 適量

- □ スティックセロリ ………………………………………… 適量

**PROCEDURES**　作り方

1. ポリ袋に薄力粉、パプリカパウダー、カイエンペッパー、塩を入れてよく混ぜる。
2. 手羽中と手羽元を **1** の袋に入れ、全体にまぶして冷蔵庫で1時間置く。
3. 鍋にバッファローソースとバターを入れて弱火で温め、混ぜながらバターを溶かして火を止める。
4. 揚げ油を160℃に温め、余分な粉を払い落とした **2** をこんがりするまで揚げる。
5. 油をきった鶏肉を **3** に入れてソースをよく絡める。
6. 器に盛り、混ぜ合わせたブルーチーズディップとスティックセロリを添える。

**MEMO**
・バッファローソースはNY州バッファロー生まれのホットソースです。辛みと酸味、ガーリックの風味が効いていて、タバスコとは違って少し粘度があります。

Appetizer & Alcohol

# Mimosa

## ミモザ

NYのブランチには欠かせない "Mimosa(ミモザ)"。
スパークリングワインをオレンジジュースで割ったもので、
パンケーキにもエッグベネディクトにもよく合います。
人気は "Bottomless Mimosas(ボトムレスミモザ)"。
直訳すると底なしミモザで、これは飲み放題という意味です。
オレンジジュースをピーチジュースに替えると "Bellini(ベリーニ)" になり、こちらも大人気です。

**INGREDIENTS** 材料(1人分)

□ スパークリングワイン ---------------- 60ml
□ オレンジジュース ------------------ 60ml

**PROCEDURES** 作り方

グラスに冷えたスパークリングワインとオレンジジュースを注ぐ。スパークリングワインとオレンジジュースの量は同量が基本で、好みで加減する。

**MEMO** ・ノンアルコールのスパーリングワインで作っても。

# Manhattan

## マンハッタン

世界的に有名なクラシックカクテルで、名前の通りマンハッタン発祥です。
近年ではアルコール度数の低い飲みやすいカクテルが人気になってきていますが、
今でもマンハッタンが自慢のバーはNYCにたくさんあります。
ライ麦のウイスキーが使われている理由は地理的なもので、
アメリカ南部で作られるバーボンウイスキーはとうもろこしが原材料の大半なのに対して、
NY近郊で作られるものはライ麦を原材料に作られているからです。

**INGREDIENTS** 材料(1人分)

□ ライ麦ウイスキー（または好みのウイスキー）
 ------------------------------- 60ml
□ スイートベルモット ----------------- 30ml
□ アロマティックビターズ -------------- 2ふり
□ 氷 ------------------------------- 適量
□ さくらんぼ（缶詰）
 ------------ 1粒（またはオレンジピール適量）

**PROCEDURES** 作り方

1. 大きめのグラスに氷、ライ麦ウイスキー、スイートベルモット、アロマティックビターズを入れて軽く混ぜる。

2. 冷やしたカクテルグラスに注ぎ、さくらんぼをトッピングする。

# Cosmopolitan

コスモポリタン

コスモポリタンの発祥には諸説ありますが、
有力なものとしてマサチューセッツ州プロビンスタウンのゲイコミュニティーで生まれたといわれています。
ピンク色で、クランベリージュースと柑橘の風味でとても飲みやすいので、女性に人気のカクテルですが、
ウォッカベースのため度数は比較的高いのでご注意を。

**INGREDIENTS** 材料(1人分)

- ☐ ウォッカ ------------------------- 60ml
- ☐ トリプルセック(またはコアントロー) ---- 15ml
- ☐ クランベリージュース -------------- 30ml
- ☐ ライム果汁 ---------------------- 15ml
- ☐ 氷 ------------------------------ 適量
- ☐ ライムピール --------------------- 適量

**PROCEDURES** 作り方

1. 大きめのグラスに氷、ウォッカ、トリプルセック、クランベリージュース、ライム果汁を入れて軽く混ぜる。

2. 冷やしたカクテルグラスに注ぎ、ライムピールをトッピングする。


# Bloody Mary

ブラッディーマリー

トマトジュースとウォッカ以外は基本的に好きなものを入れてよいカクテル。
トマトジュースは二日酔いに効くといわれていて、迎え酒として日曜日のブランチに飲む人も多いです。
ウォッカを入れないバージンブラッディーマリーもあります。
もともとセロリやレモンを添えているものが定番なのですが、
近年ではブラッディーマリーの盛り付けを豪華にする店も多く、
ベーコンや海老、ハンバーガー、フライドチキンがのっていたり、生牡蠣が入っていたりと、びっくりするものも。

**INGREDIENTS** 材料(2人分)

- ☐ トマトジュース(有塩) ------------- 750ml
- ☐ ホースラディッシュ(ペースト) ------ 小さじ1
- ☐ リー＆ペリン ウスターソース(またはウスターソース)
  ------------------------------ 小さじ1
- ☐ オールドベイシーズニング ------- 小さじ1/2
- ☐ タバスコ ------------------------- 5ふり
- ☐ ウォッカ -------------------------- 適量
- ☐ セロリ --------------------------- 適量
- ☐ ピメントグリーンオリーブ ------------- 適量
- ☐ レモン --------------------------- 適量

**PROCEDURES** 作り方

1. 大きめのグラスまたはボウルにトマトジュース、ホースラディッシュ、リー＆ペリン ウスターソース、オールドベイシーズニング、タバスコを入れて混ぜ、冷蔵庫でよく冷やしておく。

2. グラスに氷適量(分量外)を入れ、好みの量のウォッカと**1**を注ぐ。

3. セロリ、ピメントグリーンオリーブ、レモンをトッピングする。

# Stock & Sauce / Preserved Foods

ストック & ソース / 保存食

本書の中でさまざまな料理に使った基本の出汁とソースを紹介します。
アメリカのスーパーでは気軽に買えるので、
家で作る人は少ないですが、自分で作ると安心で美味しいです。

# Chicken Stock

チキンストック

アメリカでいちばん多く使われる出汁で、
鶏ガラと香味野菜で作ります。
スーパーでも手軽に缶詰やパックのものが
手に入るので自分で作る人は少ないです。
また鶏ガラをわざわざ買ってきて作るよりも、
ローストチキンの残りで作ることが多いです。
そしてでき上がったチキンストックの上に浮く鶏油は、
別にして保存しておくと、
ユダヤ系の食べ物を作るときに重宝します。

### INGREDIENTS 材料（作りやすい分量）

- 鶏ガラ（P.049のローストチキンの残りの骨でも） --- 1kg
- 玉ねぎ --- 1/2個
- にんじん --- 1本
- セロリ --- 1本
- 黒胡椒（ホール） --- 小さじ1
- ローリエ --- 1枚
- イタリアンパセリ --- 2本
- タイム --- 2本
- 水 --- 2ℓ

### PROCEDURES 作り方

1. 玉ねぎ、にんじん、セロリは3cm程度のぶつ切りにする。
2. 鍋にすべての材料を入れ A 、強火にかける。
3. 沸騰したらアクを取り、蓋をして弱火で1時間ほど煮る。
4. 火を止めてそのまま粗熱を取り、ザルで濾して清潔な瓶に移す。

**MEMO**
・冷蔵庫に入れた際に冷えて表面に浮いてくる油（上質の鶏油）は捨てず B 、
　マッツァボールスープ（P.098参照）やチョップドチキンレバー（P.226参照）
　で使えます。
・冷蔵庫で4日、冷凍庫で2か月保存可能。

# Vegetable Stock

ベジタブルストック

香味野菜を30分ほど煮て作る野菜出汁。
一応材料を記していますが、
冷蔵庫に残った野菜を冷凍して溜めておいて
使うのが便利です。
ハーブやスパイスもお好みで加えてください。

**INGREDIENTS** 材料（作りやすい分量）

- ☐ 玉ねぎ ------------------------------- 1/2個
- ☐ にんじん ------------------------------ 1本
- ☐ セロリ -------------------------------- 1本
- ☐ にんにく ------------------------------ 2かけ
- ☐ タイム -------------------------------- 2本
- ☐ パセリ -------------------------------- 2本
- ☐ ローリエ ------------------------------ 1枚
- ☐ 水 ----------------------------------- 1ℓ
- ☐ 塩 ----------------------------------- 小さじ1
- ☐ 黒胡椒（ホール） ----------------------- 小さじ1/2
- ☐ オリーブオイル -------------------------- 小さじ1

**PROCEDURES** 作り方

1. 玉ねぎ、にんじん、セロリは3cm程度のぶつ切りにする。にんにくは潰す。
2. 鍋にオリーブオイルを中火で熱し、1を2～3分炒める。残りの材料をすべて加え、蓋をして弱火で30分ほど煮る A 。
3. 火を止めてそのまま粗熱を取り、ザルで濾して清潔な瓶に移す。

**MEMO**
・上記の野菜以外に、冷蔵庫にある残り野菜を入れても。
・冷蔵庫で4日、冷凍庫で2か月保存可能。

234

# Marinara Sauce

マリナラソース

パスタ、ラザニア、チキン、ピザなど
いろいろな料理のベースになる、
アメリカ定番のトマトソースです。
NYはイタリア系移民が多いので、
このソースを使った料理が多いのですが、
今では全米で愛されています。

**INGREDIENTS** 材料（作りやすい分量）

- ☐ 玉ねぎ（みじん切りにしたもの） ———————— 1/2個
- ☐ にんにく（みじん切りにしたもの） ——————— 2かけ
- ☐ オレガノ（ドライ） ————————————— 小さじ1
- ☐ トマト缶（ホール） ————————————— 2個
- ☐ トマトペースト ——————————————— 大さじ2
- ☐ バジル（みじん切りにしたもの） ——————— 大さじ2
- ☐ 砂糖 ——————————————————— 小さじ1/2
- ☐ 塩 ———————————————————— 小さじ1
- ☐ 黒胡椒 —————————————————— 小さじ1/2
- ☐ オリーブオイル ——————————————— 大さじ2

**PROCEDURES** 作り方

1. 大きめの鍋にオリーブオイルを中火で熱し、玉ねぎとにんにくを炒める。玉ねぎが透き通ってきたらオレガノを加え、さらに1分炒める。
2. 香りが立ってきたらトマト缶のトマトを握り潰しながら加える。トマトペースト、バジル、砂糖を加え、蓋をして弱火で20分煮る。
3. トマトのかたまりがあれば、マッシャーで潰し、塩と黒胡椒で味を調える。粗熱を取り、清潔な瓶に移す。

**MEMO**
・冷蔵庫で4日、冷凍庫で2か月保存可能。

# Sauerkraut

ザワークラウト

キャベツを乳酸発酵させたもので、
ドイツ系移民が持ち込んだといわれています。
発酵食品はアメリカでも最近注目されていて、
家で作る人も増えています。
NYではホットドッグにのせたり、
塊肉と一緒に煮込んだりと使用法はさまざまです。
紫キャベツで作るときれいな紫色のものができます。

**INGREDIENTS**　材料（作りやすい分量）

- ☐ キャベツ（または紫キャベツ） ----------------- 250g
- ☐ 塩 ------------------------------------------ 5g
- ☐ キャラウェイシード ---------------------- 小さじ1/4

**PROCEDURES**　作り方

1. キャベツは2〜5mm幅の細切りにしてよく洗い、ザルに上げて水気をきる。
2. ボウルに 1、塩、キャラウェイシードを入れる。水分が出るようにしっかりもむように混ぜ、15分置く。
3. 清潔な瓶に移し、ペーパータオルと輪ゴムで簡単な蓋をして常温に2〜3日置く。シュワシュワと発酵してきたら蓋をして冷蔵庫で保存する。

**MEMO**　・冷蔵庫で1か月保存可能。

# Half Sour Pickles

ハーフサワーピクルス

浅漬けの乳酸発酵のピクルス。
人気なのはコーシャピクルスで、ユダヤ系のスーパーだけでなく、
デリや専門店でフレッシュなものも購入できます。
ピクルスの記念日があるほどニューヨーカーはピクルスが大好き！
かと思えば、ハンバーガーショップでピクルス抜きを頼むほど
大嫌いな人も多いので、好き嫌いがとても分かれる食材です。
気温にもよりますが、3日～1週間ほどででき上がる、
お手軽なピクルスを紹介します。
ちなみにアメリカではグリーントマト、唐辛子、カブ、
さやいんげん、オクラなども同じように漬けてピクルスにします。
残った汁もカクテルやドレッシング、肉のマリネなどに活用する人も。

### INGREDIENTS　材料（作りやすい分量）

- □ きゅうり ───────────────── 適量
- □ 水 ──────────────────── 適量
- □ 塩 ────────────────── 水の重量の3.5%
- □ ピクルススパイス ──────────── 適量
- □ にんにく ─────────────── 適量
- □ ディル ──────────────── 適量
- □ ローリエ
  （またはタンニンが含まれるぶどう・びわ・柿の葉など）─── 適量

### PROCEDURES　作り方

1. きゅうりはよく洗い、花側の先端を1cmほど切り落とす。半分の長さに切り、清潔な瓶に詰める。
2. 1にピクルススパイス、潰したにんにく、ディル、ローリエも詰め、3.5%の塩をよく溶かした水をたっぷり注ぐ。
3. ペーパータオルと輪ゴムで簡単な蓋をして好みの酸味になるまで常温に数日置く。
4. 好みの酸味になったら蓋をして冷蔵庫で保存する。

### MEMO
・ローリエのようなタンニンが含まれる葉を一緒に漬けることで鮮度が保たれます。
・ピクルススパイスはコリアンダー、オールスパイス、マスタードシードなど、家にあるものを合わせても。
・"Half Sour（ハーフサワー）"からさらに1～2か月置くと、"Full Sour（フルサワー）"のピクルスになります。ハーフピクルスは浅漬け、フルピクルスは古漬けなので、好みの発酵で楽しんでください。

# Outroduction

まず最初に、この本を手に取り、
作ってみようと思ってくださった皆さんに感謝いたします。

この本に掲載されているレシピは、私にとってのコンフォートフードであり、
これらのレシピを読者の方々と共有できることを大変うれしく思っています。
全部とは言わないまでも、ひとつでも作っていただけたら本当に感激です。

ニューヨーク料理の一部は日本でもよく知られていますが、
それはアメリカ料理全体のほんの一部に過ぎません。
この本が、さまざまな地域のアメリカ料理に
興味を持つきっかけになれば幸いです。

家庭で世界各国の料理を作ることができるのは
特権であり、素晴らしいこと。
しかし、私は世界の特定の地域に物理的に身を置くことで、
得られる特別な感覚が本当に好きで、ニューヨークも例外ではありません。

ニューヨークは魔法のように特別な場所です。
政情不安や為替の高騰により、
私たちが旅行することは明らかに困難になっていますが、
もし機会があれば、いつかニューヨークを訪れ、あるいは再訪し、
この街が提供する喧騒をぜひ肌身で体験してほしいと思います。


最後に、この本の出版を可能にしてくれたすべての方、
チャンスを与えてくれた Niki's Kitchen の棚瀬さん、
一緒にレシピを試したり、洗い物をしたり、笑ったり、
素晴らしい写真を提供してくれた友人や生徒たち、
私の料理の旅をいつも応援し、信頼してくれる家族に感謝します。

### SACHI OIWA
**オオイワ サチ**

日系ハワイ人の祖父を持ち、生まれたときからアメリカの文化に触れて育つ。12歳より単身渡米する。学生時代、友人宅で食べたアメリカの家庭料理の美味しさに衝撃を受け、料理に関心を持つようになる。大学卒業後、ニューヨークの『French Culinary Institute』で調理と製菓を勉強。レストラン勤務などを経て、帰国。『ニキズキッチン』で料理を教えるかたわら、海外のテレビ番組のフードプロデュースを担当するほか、レストランやデパートのメニュー開発、広告用の料理制作、専門学校講師など活躍の場は多岐にわたる。

撮影／松村隆史（パインビレッジ）
デザイン／岡村佳織
編集／小池洋子（グラフィック社）

ニューヨーク ローカル クックブック
### NEW YORK LOCAL COOKBOOK
食べてみたかったあの料理、
知らなかったこの料理

2024年9月25日　初版第1刷発行

著者／オオイワ サチ
発行者／津田淳子
発行所／株式会社グラフィック社
〒102-0073　東京都千代田区九段北1-14-17
tel. 03-3263-4318（代表）
　　 03-3263-4579（編集）
https://www.graphicsha.co.jp
印刷・製本／TOPPANクロレ株式会社

定価はカバーに表示してあります。
乱丁・落丁本は、小社業務部宛にお送りください。
小社送料負担にてお取り替え致します。
著作権法上、本書掲載の写真・図・文の
無断転載・借用・複製は禁じられています。
本書のコピー、スキャン、デジタル化等の無断複製は
著作権法上の例外を除き禁じられています。
本書を代行業者等の第三者に依頼して
スキャンやデジタル化することは、たとえ個人や家庭内での
利用であっても著作権法上認められておりません。

©Sachi Oiwa
ISBN978-4-7661-3948-8 C2077 2024
Printed in Japan